MARCO POOLO

Kopenhagen

Reisen mit Insider Tips

Diesen Reiseführer schrieb Andreas Bormann.
Der Journalist lebt und arbeitet in
Nordfriesland an der deutsch-dänischen
Grenze.

www.marcopolo.de
Infos zu den beliebtesten Reisezielen
im Internet, siehe auch Seite 94

SYMBOLE

MARCO POLO INSIDER-TIPPS:
Von unserem Autor für Sie entdeckt

★ **MARCO POLO HIGHLIGHTS:**
Alles, was Sie in Kopenhagen kennen sollten

HIER HABEN SIE EINE SCHÖNE AUSSICHT

WO SIE JUNGE LEUTE TREFFEN

PREISKATEGORIEN

Hotels
€€€ über 170 Euro
€€ 110–170 Euro
€ unter 110 Euro

Restaurants
€€€ über 30 Euro
€€ 15–30 Euro
€ unter 15 Euro

Die Preise gelten für eine Übernachtung im Doppelzimmer mit Frühstück.

Die Preise gelten für ein Hauptgericht ohne Getränke.

KARTEN

[106 A1] Seitenzahlen und Koordinaten für den Cityatlas Kopenhagen

[0] außerhalb des Kartenausschnitts

Übersichtskarte Kopenhagen mit Umland auf Seite 112/113

U-/S-Bahn-Plan im hinteren Umschlag

Zu Ihrer Orientierung sind auch die Objekte mit Koordinaten versehen, die nicht im Cityatlas eingetragen sind.

GUT ZU WISSEN

Karriere in Kopenhagen **11** · Richtig fit! **25** · Still gestanden! **30**
Entspannen & Genießen **38** · Strandleben in der Stadt **46**
Smørrebrød und wienerbrød **55** · Spezialitäten in Kopenhagen **56**
Bettlektüre **73** · Meet the Danes **78**

INHALT

DIE BESTEN MARCO POLO INSIDER-TIPPS	vorderer Umschlag
DIE WICHTIGSTEN MARCO POLO HIGHLIGHTS	4
AUFTAKT	7
Entdecken Sie Kopenhagen!	
STICHWORTE	13
Von Fahrrädern, Flaggen und schlichten Formen	
FESTE, EVENTS UND MEHR	16
SEHENSWERTES	19
Parks, Plätze und Paläste	
MUSEEN	41
Kunst fürs Volk	
ESSEN & TRINKEN	49
Pølser und Sterneküche	
EINKAUFEN	59
Dänisches Design und Antiquitäten	
ÜBERNACHTEN	67
Verführerischer Glanz der Sterne	
AM ABEND	75
Ballett ist hier Weltspitze	
STADTSPAZIERGÄNGE	81
Szeneviertel und neue Oper	
AUSFLÜGE & TOUREN	87
Ans Meer und nach Malmö	
ANGESAGT!	92
PRAKTISCHE HINWEISE	93
Von Anreise bis Zoll	
SPRACHFÜHRER	99
CITYATLAS KOPENHAGEN MIT STRASSENREGISTER	103
KARTENLEGENDE CITYATLAS	105
MARCO POLO PROGRAMM	117
REGISTER	118
IMPRESSUM	119
BLOSS NICHT!	120

Die wichtigsten
Marco Polo Highlights

Sehenswürdigkeiten, Orte und Erlebnisse, die Sie nicht verpassen sollten

 Metro
In einer der modernsten U-Bahnen der Welt ohne Fahrer durch den Untergrund sausen (Seite 15)

 Den Lille Havfrue
Schaut die Kleine Meerjungfrau traurig, sehnsüchtig oder gar verliebt hinaus auf den Øresund? (Seite 20)

 Vor Frelsers Kirke
Im Schneckengang am Turm entlang (Seite 28)

 Amalienborg Slot
Von diesem Balkon winkt die Königin herunter zum Volk (Seite 28)

 Rosenborg Have
Mit Picknick unter Paaren: Der Schlosspark ist im Sommer beliebter Volksgarten (Seite 31)

 Nyhavn
Die einst sündige Meile am Hafen lockt heute mit vielen Restaurants und Bars (Seite 34)

 Strøget
Europas erste autofreie Shoppingmeile ist noch heute die längste (Seite 35)

 Tivoli
Vergnügungspark voller Attraktionen: vom Kinderkarussell bis zum Weltklassekonzert (Seite 35)

Fußgängerzone Strøget

Vergnügungspark Tivoli

 Arken – Museum for Moderne Kunst
Eine Arche aus Beton mit moderner Kunst an Bord (Seite 41)

 Dansk Jødisk Museum
Schiefe Wände, schräge Gänge: In beeindruckender Architektur von Daniel Libeskind erfährt man, wie die Kopenhagener 7200 Juden retteten (Seite 42)

 Den Hirschsprungske Samling
Exquisite Sammlung von dänischer Malerei aus dem 19. und frühen 20. Jh. (Seite 43)

 Louisiana Museum for Moderne Kunst
Mit Blick auf die schwedische Küste: Klassiker der modernen Kunst in herrlicher Landschaft (Seite 44)

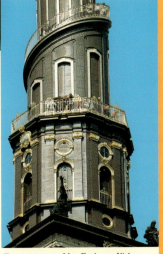

Treppenturm: Vor Frelsers Kirke

 Café Sommersko
Das Original: Das erste Bar-Café-Restaurant hat inzwischen viele Nachahmer gefunden (Seite 50)

 Illums Bolighus
Hier gibt es alles für Liebhaber von dänischem Design: vom Löffel bis zur Lampe (Seite 61)

 Opera
Kopenhagens jüngste Attraktion: Arien mit phantastischer Aussicht (Seiten 76, 84)

 Die Highlights sind in der Karte auf dem hinteren Umschlag eingetragen

AUFTAKT

Entdecken Sie Kopenhagen!

**Die Kleine unter den Großen:
Kopenhagen ist eine Metropole voller
Gelassenheit und Beschaulichkeit**

Kopenhagen, eine Metropole? Nun, sie ist die Hauptstadt eines Königreichs – des ältesten der Welt. Kopenhagen war 1996 Kulturhauptstadt, ist Ort internationaler Konferenzen – und seit 2001 fahren die Kopenhagener Metro, wenn auch bislang nur ein paar Stationen. Ihre U-Bahn zählt zu den modernsten der Welt.

Egal, was Sie in Kopenhagen entdecken, irgendwann und immer wieder werden Sie vom Strom der Strøget mitgerissen. Ob Sie Freund und Familie vor der Kleinen Meerjungfrau fotografieren, an den Kais des mittelalterlichen Hafens Nyhavn entlangschlendern, dem Marsch der königlichen Leibwache mit ihren Bärenfellmützen durch die Stadt folgen oder im Tivoli Karussell fahren – an Europas erster autofreier Fußgängerzone, der Strøget, kommen Sie nicht vorbei.

In dieser Flaniermeile hat Kopenhagen den Flair einer Metropole: Menschen aus allen Kontinenten und Ländern schlendern an Souvenirläden und Kaufhäusern vorbei, amüsieren sich über Straßenkünst-

Grachtenflair: Schippern durch den Kanal von Christianshavn

Ernste Sache: Wachablösung vor Schloss Amalienborg

ler, skurrile Geschäfte, gehen in Cafés, Fastfoodläden und feine Boutiquen. Auf deren Tüten und Taschen wird Kopenhagen gern eingereiht zwischen Rom, Paris, London, Berlin, New York, Rio und Tokio.

Doch Kopenhagen ist anders. Einem Vergleich mit diesen Millionenstädten kann die Hauptstadt des kleinen Königreichs nicht standhalten. Mit einer Gesamtausdehnung von 90 km^2 passt Kopenhagen zehnmal auf die Grundfläche Berlins. Im eigentlichen Kopenhagen leben nur 50 000 Menschen, in Großkopenhagen mit all seinen Vororten sind es 1,7 Millionen, ein Viertel der Bewohner von London.

Nein, Kopenhagen ist nicht Mega, lockt nicht mit Größe. Im

Schauen und shoppen: Europas älteste Fußgängerzone, die Strøget

Gegenteil: Kopenhagen ist die Kleine unter den Großen. In keiner anderen Hauptstadt wird sich ein Fremder so leicht zurechtfinden. Sie werden sich nicht verlaufen oder gar verlieren. Ein Blick auf den Stadtplan zeigt: Das Straßennetz zeugt noch immer von der Form einer Festung. In den vergangenen Jahrhunderten haben Schanzwälle die Stadt im Westen begrenzt und die Kopenhagener vor Feinden geschützt. Heute sind es mehrspurige Boulevards, die sich wie ein Ring um das Herz der Stadt legen. Deshalb ist es in der Innenstadt so eng wie einst, und deshalb ist das Zentrum nahezu autofrei.

Hier, wo heute das Folketing, das dänische Parlament, seinen Sitz im Schloss Christiansborg hat, baute im Jahr 1167 Bischof Absalon von Roskilde eine Burg, die den Havn (Hafen) der Insel Strandholmen – heute Slotsholmen – vor Piraten schützen sollte. Die Ruine der Absalonburg kann übrigens heute noch unter Schloss Christiansborg besichtigt werden. Havn war bis dahin ein kleiner, unbedeutender Fischerei- und Fährhafen an der Ostküste der Insel Seeland. Das sollte sich schnell ändern, denn die Siedlung am Øresund galt als Knotenpunkt wichtiger Seehandelswege und entwickelte sich zu einem blühenden Handelsplatz. Dem Namen *Havn* stellten die Bewohner ein *Køpmandens* (Kaufmann) voran. Zur Zeit der Hanse, im 14. und 15. Jh., bekam die Stadt der Kaufmänner dann ihren endgültigen Namen: København.

> *Fastfood und feine Boutiquen in der Strøget*

Bummeln Sie entlang farbiger Hausfassaden durch die altertümlichen Gassen, wagen Sie womöglich einen Blick durch die Sprossenfenster ins Innere der Häuser, oder gönnen Sie sich auf einem Platz

AUFTAKT

eine Pause. Dann werden Sie sie spüren: die Gelassenheit der Kopenhagener und die Geborgenheit, die die Kleine unter den Großen ausstrahlt. Wenn Metropolen pulsieren, dann ist Kopenhagen die mit einem spürbaren Ruhepuls. Grund dafür mag die Enge der Stadt sein. Waren doch die Kopenhagener seit jeher gezwungen, zusammenzurücken. Zur Zeit des Dichters Hans Christian Andersen – er kam 1819 nach Kopenhagen – war die Stadt innerhalb der Wälle hoffnungslos überbevölkert. Auf einer Fläche von 2 km^2 lebten damals 120 000 Menschen, heute sind es nur noch 30 000. Die hygienischen Verhältnisse waren katastrophal, die Sterblichkeitsrate war hoch. Wurde die dänische Landbevölkerung durchschnittlich 50 Jahre alt, erreichte ein Kopenhagener gerade mal 35 Jahre Lebenszeit. Mit der Industrialisierung im 19. Jh. zog es die Landbevölkerung in die Hauptstadt. Von 1850 bis 1900 verdreifachte sich die Einwohnerzahl von 140 000 auf 400 000. Um Platz zu schaffen, wurden die Stadttore eingerissen und die Befestigungsanlagen geschleift. Vor der Stadt entstanden die Arbeiterquartiere Nørrebro und Vesterbro.

Wollen Sie hinter die Kulissen Kopenhagens gucken, müssen Sie raus aus dem heute romantisch anmutenden Zentrum. Jenseits der Wallstraßen Vester Voldgade, Nørre Voldgade und Øster Voldgade hat Kopenhagen keine Postkartenmotive. Hier ist die Stadt auch mal grau und trist, hier sind die Fassaden weniger bunt, die Hinterhöfe trostlos. In Nørrebro und Vesterbro ist Kopenhagen alltäglich – und genau das macht seinen Reiz aus.

Jedes Quartier hat sein eigenes Flair. In Nørrebro mischen sich die Kulturen. Afrikanische, asiatische und orientalische Händler haben hier ihre Läden in enger Nachbarschaft mit den Supermärkten. Vesterbro galt lange Zeit als Kopenhagens Schmuddelecke. Die Wohnungen waren marode, auf den Straßen wurde gedealt

»*Meerjungfrau und futuristische Metrostationen*«

und angeschafft. Inzwischen ist das Sexviertel westlich des Hauptbahnhofs Sanierungsgebiet. Die Mietskasernen werden aufgemöbelt, die Szene verändert sich. Aus dem Rotlichtviertel entwickelt sich ein bunter Stadtteil.

In jedem Viertel Kopenhagens werden Sie einen Platz mit mindestens zwei Cafés oder Bars finden. Klart der Himmel auf, stehen sofort Tische und Stühle auf der Straße, Wolldecken liegen bereit. Egal wie kalt es auch sein mag, sobald die ersten Sonnenstrahlen im Jahr ein wenig Wärme versprechen, zieht es die Kopenhagener nach draußen. Dann fällt eins besonders auf: Kinder gehören in Kopenhagen dazu. Überall wird für die Kleinen gesorgt. Im Restaurant steht der Hochstuhl bereit, bei Bank und Post gibt es eine Legoecke, und in kaum einer öffentlichen Toilette fehlt der Wickeltisch. Mit Kind? Diese Frage stellt sich für die Kopenhagener nicht. Kinder werden selbstverständlich mitgenommen. Wo kein Platz ist, wird Platz geschaffen, wird der Buggy zwischen Bistrotische geschoben.

Plagt Politiker in anderen europäischen Ländern die schwächelnde Geburtenrate, können sich die Re-

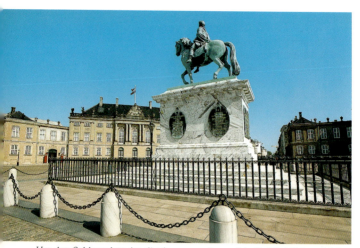
Um den Schlossplatz Amalienborg gruppieren sich die königlichen Palais

gierenden in Kopenhagen damit rühmen, dass Dänemark zu den Spitzenreitern in punkto Nachwuchspflege gehört. Statistisch werden Kopenhagens Einwohner immer jünger. Was nicht heißt, dass sich die Kopenhagenerin für Heim und Herd entscheidet. Im Gegenteil: In nur wenigen Ländern der Welt gibt es so viele berufstätige Frauen – auf zehn arbeitende Männer kommen neun Frauen.

Dieses sorglose Sein mit Kindern ist sicher auch Abbild der staatlichen Versorgung, die es nicht kostenlos gibt. Der Wohlfahrtsstaat, das dichte soziale Netz Dänemarks, ist teuer. Und so sind die Dänen auch auf einem anderen Gebiet Spitze: Sie zahlen Steuern wie kaum ein anderes Volk. Mit knapp 50 Prozent gehört der dänische Steuersatz zu den höchsten der Welt. Dafür bekommt ein dänischer Staatsbürger alle sozialen Leistungen inklusive Ausbildung, ärztliche Versorgung oder Krankenhausaufenthalt sowie eine staatliche Altersrente ab dem 65. Lebensjahr.

Wie viel Euro sind …? Ob im Hotel, Restaurant oder im Bus, Kopenhagenbesucher müssen ständig umrechen. Denn die Dänen votierten im September 2000 gegen die Einführung der gesamteuropäischen Währung. Sie wollten den Euro nicht und fürchteten um ihre Unabhängigkeit und wirtschaftliche Nachteile. Aktuelle Meinungsumfragen deuten allerdings darauf hin, dass das Volk seine Vorbehalte gegenüber dem Euro langsam aufgibt. Doch will die Regierung erst dann wieder zu den Wahlurnen rufen, wenn die Prognosen ein sicheres Ja vorhersagen.

> *Leise statt laut, beschaulich statt hektisch*

So bleibt es vorerst dabei: Es wird mit der Krone bezahlt. Und die hat es in sich. Dem Kopfrechnen vor Schaufenstern und Speisekarten

AUFTAKT

folgt immer der Schreck: Mein Gott, ist das teuer! Geht es ums Preisniveau, muss die Kleine den Vergleich mit den Großen nicht scheuen. Kopenhagen gehört zu den teuersten Städten Europas, vielleicht ist sie sogar auf Platz eins.

Kopenhagen, eine Metropole? Mit dem Bau der Øresundbrücke, der festen Anbindung Schwedens an Europa, könnte Kopenhagen zur Drehscheibe Nordeuropas werden. In den kommenden Jahren entsteht unweit der Brücke, auf der Halbinsel Amager, Kopenhagens jüngster Stadtteil: Ørestad ist nicht gewachsen, sondern auf dem Reißbrett geplant und rasant aus dem Boden gestampft. Mit 20 000 Einwohnern wird es das futuristische Gegenstück zum historischen Zentrum Kopenhagens.

》 *Atmosphäre aus Märchen und Moderne* 《

Auch wenn die Stadt boomt, halten es die Kopenhagener lieber mit dem Understatement. Sie geben nicht an, sondern sind eher bescheiden, sie sind lieber leise statt laut und beschaulich statt hektisch. Sie stellen sich nicht zur Schau – obwohl sie wissen, dass ihre Stadt im Kleinen wie im Großen durch die Mischung aus Alt und Neu fasziniert. In den Straßen leuchten verchromte Halogenlampen neben schmiedeeisernen Kandelabern, Glasfassaden grenzen an bunte Fachwerkhäuser, ein Pferdegespann der Leibwache ihrer Majestät trabt vorbei an futuristischen Metrostationen, und das Volk jubelt, wenn die königliche Familie von ihrem Balkon winkt. Diese Atmosphäre aus Märchen und Moderne gibt es in Kopenhagen zu entdecken.

Karriere in Kopenhagen

Hans Christian Andersen, Dänemarks berühmter Märchenerzähler

Am 5. September 1819 steht der vierzehnjährige H. C. Andersen auf der Anhöhe Friedrichsberg. Der Sohn eines Schuhmachers aus Odense will in Kopenhagen berühmt werden – als Sänger. Am Theater lernt er einflussreiche Kopenhagener kennen, die ihn mit Geld und Gunst fördern. Andersen kann von 1822 bis 1828 eine Lateinschule und die Universität besuchen. Berühmt wird er durch seine Märchen wie »Die Prinzessin auf der Erbse« und »Das hässliche Entlein«. Seine bekannteste Märchenfigur, »Die kleine Meerjungfrau«, inspirierte den dänischen Bildhauer Edvard Eriksen zur gleichnamigen berühmten Bronzeskulptur. Andersen blieb zeitlebens ein ruheloser Junggeselle. In Kopenhagen wechselte er viele Male die Wohnung. Am längsten hielt es ihn im Haus Nyhavn 67 (damals Nr. 34), »von wo ich hinaus über das Meer zur schwedischen Küste sehen kann«. Am 4. August 1875 stirbt der Dichter an Leberkrebs.

STICHWORTE

Von Fahrrädern, Flaggen und schlichten Formen

**Ob mit dem Christianiabike oder der Metro:
In Kopenhagen kommen Sie gut und schnell voran**

Christian IV.
Er gilt als der Bauherr Kopenhagens. Während der Regentschaft von Christian IV. entstanden die Börse, der Rundetårn, Schloss Rosenborg, Nyboder und der Stadtteil Christianshavn. Glaubt man den Überlieferungen, war Christian IV. (1577–1648) ein trinkfester Lebemann. Zehn Tage ließ er 1596 seine Krönung zum König von Dänemark und Norwegen feiern; für das Volk wurde Geld ausgestreut, und am Amagertorv sprudelte Wein aus dem Brunnen. Zweimal verheiratet, vergnügte er sich mit ungezählten Mätressen und zeugte 16 Kinder. Christian IV. war auch der König der Kunst und Kultur: Er förderte Fremdes und sorgte für neue Klänge in Kopenhagens Konzerthäusern. Für die Kopenhagener gehört Christian IV. zu den beliebtesten, weil volkstümlichsten Königen.

Cycler
Die Rushhour findet in Kopenhagen auf dem Radweg statt. Morgens

Der Dannebrog: Dänemarks Symbol für Demokratie

und am späten Nachmittag radeln unzählige Kopenhagener in Karawanen auf den autobreiten Asphaltwegen von Kreuzung zu Kreuzung – geleitet von einem Ampelsystem extra für Radfahrer. Wer dem Lebensgefühl der Kopenhagener auf die Spur kommen möchte, setze sich aufs Rad und folge solch einer Karawane. Doch Vorsicht, die Kopenhagener radeln schnell, und es gilt das Gesetz der Straße: Überholt wird links, getrödelt rechts.

Einzigartig auf Kopenhagens Straßen sind die »Christianiabikes«. Diese dreirädrigen Transporträder wurden einst von den Bewohnern Christianias erfunden. Die Aussteiger brauchten ein Fahrzeug, mit dem sie ihr Hab und Gut in ihrem Freistaat transportieren konnten. Natürlich kam alles, was mit Benzin fährt, nicht in Frage. Die Lösung: das Fahrrad mit der Kiste vor dem Lenkrad. In ihr lässt sich praktisch alles durch die Stadt kutschieren. Meistens jedoch sind es die Köpfe der kleinen Kopenhagener, die aus der Kiste gucken. Und wenn es regnet, wird einfach eine Plane darüber gespannt.

Dänisches Design: schlicht, funktional und qualitätvoll

Dänisches Design
Ob Lampe oder Stuhl, Löffel oder Hi-Fi-Anlage: Dansk Design wurde nach dem Zweiten Weltkrieg weltweit ein Begriff. In Kopenhagen gibt es nahezu an jeder Straßenecke dänisches Design zu entdecken: Straßenlaternen mit gläsernen Halbkugeln, die knallrote Uniformjacke des Briefträgers oder der IC-Zug der dänischen Staatsbahn. Es ist das Zusammenspiel von anspruchsvoller Schlichtheit, Qualität und der Konzentration auf die Funktion des Produkts, das dänisches Design so unverwechselbar macht. Es wird nicht ständig Neues kreiert, sondern das Bewährte weiterentwickelt. Um die Beziehung zwischen Form und Funktion zu vollenden, arbeiten dänische Handwerker und Produzenten gemeinsam mit Designern, Künstlern und Architekten. Und so entstehen Klassiker: die Stapelstühle von Arne Jacobsen, Poul Henningsens PH-Lampen, minimalistische Musikanlagen von Jacob Jensen und Messer und Gabel des Silberschmieds Georg Jensen. Im Kopenhagener Dansk Design Center können Sie mehr zur Geschichte des dänischen Designs erfahren.

Dannebrog
Sie ist die älteste Flagge der Welt und soll, so die Sage, nach einer verlorenen Schlacht am 15. Juni 1219 vom Himmel gefallen sein. Blieb es früher den Königen und Mächtigen vorbehalten, sich mit dem rot-weißen Tuch zu schmücken, so ist der Dannebrog seit Einführung der demokratischen Verfassung Mitte des 19. Jhs. die Fahne des Volkes: ein Symbol für Gemeinschaft und Demokratie.

Wer den Dannebrog am Fahnenmast in seinem Vorgarten wehen lassen möchte, muss manche Regel beachten: Ein Wimpel kann Tag und Nacht am Mast hängen, die Fahne dagegen darf nicht vor Sonnenaufgang gehisst und muss

STICHWORTE

mit Sonnenuntergang wieder eingeholt werden. Wer sich nicht an diese Regeln hält, flaggt für den Teufel – so heißt es jedenfalls. Ist der Dannebrog mit der Zeit vom Wind zerzaust, darf er nicht als Putzlappen enden. Wer ihm die letzte Ehre erweisen möchte, muss ihn verbrennen.

Grundtvig

Der Pfarrer und Kirchenlieddichter Nikolai Frederik Severin Grundtvig (1783–1872) ist der Vater der Idee eines dänischen Wohlfahrtsstaates. Er war es, der den Dänen folgendes gesellschaftliches Rezept gab: Jeder sollte das Recht auf freie Selbstentfaltung haben, allerdings unter der Bedingung, dass er dem anderen dadurch nicht schadet. Und diejenigen, die viel verdienen, sollten mittels Besteuerung an die wenig Verdienenden sowie an die Alten und Kranken etwas abgeben.

Grundtvig initiierte auch die dänische Volkshochschulbewegung – eine Form der Erwachsenenbildung für die Landbevölkerung. Er wollte vor allem junge Menschen zu einem freien, ja kühnen Denken anregen: »Erst dann haben wir es zu wirklichem Reichtum gebracht, wenn wenige zu viel und noch weniger zu wenig haben.«

Die dem populären Bischof gewidmete Grundtvigs Kirke im Kopenhagener Stadtteil Bispebjerg entspricht ganz Grundtvigs Wirken: mit monumentaler Ausstrahlung, aber ohne jeglichen Prunk.

Metro

★ Ganz vorn sitzen, da, wo der Fahrer den freien Blick in den Tunnel hat. Dieser Kindertraum wird in Kopenhagen wahr, denn die Züge fahren führerlos. Die Plätze in der ersten Reihe mit Tunnelblick sind begehrt, zumal Kopenhagens Untergrund hell beleuchtet ist. Wer auf die Metro wartet, steht nicht in einer schummrig gekachelten Bahnsteigröhre, sondern in einem hellen Raum aus Glas, Beton und Stahl. Im 3-Minuten-Takt saust die Metro von Vanløse via Nørreport und Kongens Nytorv nach Ørestad. Fährt der Zug ein, schieben sich Glaswände wie von Geisterhand zur Seite, und die Fahrgäste können ein- und aussteigen. Bereits 1992 vom Parlament beschlossen, setzte der erste Spatenstich 1996 ein. 2007 sollen die letzten Schienen verlegt sein, dann heißt die Endstation der Kopenhagener Metro Lufthavnen – Flughafen.

Stadtbrände

Im Laufe der Jahrhunderte haben Brände große Teile Kopenhagens in Schutt und Asche gelegt. Zahlreiche Gebäude, Kirchen und Paläste mussten mehrmals wieder aufgebaut werden. Die erste Katastrophe geschah in der Nacht des 20. Oktober 1728. Kopenhagen brennt drei Tage lang. Das Rathaus, die Frauenkirche, St. Petri, Trinitatis, Teile der Universität und etwa 1700 Häuser werden vernichtet. Am 5. Juni 1795 brennt es wieder: am Gammel Holm. In Windeseile breitet sich das Feuer aus. 15 000 Menschen verlieren ihr Dach über dem Kopf. Vom 2. bis 5. September 1807 wird Kopenhagen schließlich von dem dritten großen Brand heimgesucht. Das Kanonenfeuer der Engländer setzt die Stadt in Flammen. Zahlreiche Gebäude, unter anderem die Frauenkirche, werden zerstört.

Feste, Events und mehr

Kunstnacht und Filmfestival, Karneval und Konzerte

Kopenhagen ist das Zentrum für Kunst und Kultur im Norden. Ob Klassik oder Pop, Jazz oder Theater, Ballett oder Film, die größte Stadt Skandinaviens ist Treffpunkt internationaler Stars und Künstler. Einen guten Überblick bietet die monatlich erscheinende, kostenlose Broschüre »Copenhagen This Week«. Sie liegt in Hotels, Restaurants und Cafés aus. Infos über aktuelle und geplante Veranstaltungen bietet zudem die Website *www.visitcopenhagen.dk*.

Mittsommernacht am Nyhavn

Feiertage
1. Januar *Nytårsdag* (Neujahr); **März/April** *Skærtorsdag* (Gründonnerstag); *Langfredag* (Karfreitag); 1. und 2. Ostertag; **April/Mai** *Store Bededag* (Großer Bettag; vierter Freitag nach Ostern); **1. Mai** Tag der Arbeit; **Mai/Juni** *Himmelfartsdag* (Christi Himmelfahrt); *Pinse* (Pfingstsonntag und Pfingstmontag); **5. Juni** *Grundlovsdag* (Verfassungstag); **25./26. Dezember** *Første* und *Anden Juledag* (1. und 2. Weihnachtsfeiertag). Am 24. Dezember *(Juleaften)* und 31. Dezember *(Nytårs aften)* schließen die Geschäfte ab mittags.

Feste und Veranstaltungen
März/April
Natfilm Festival: Während des zehntägigen Festivals zeigen fast alle Kopenhagener Kinos Vorpremieren und Kinoklassiker. Informationen ca. vier Wochen vorher unter *www.natfilm.dk*
Geburtstag von Margrethe II.: Die Königin winkt vom Balkon des Schlosses Amalienborg ihrem Volk zu. 16. April

Mai/Juni
Tag der Arbeit (1. Mai): Ab 12 Uhr sind die Geschäfte geschlossen. Dann gibt es die traditionellen Kundgebungen, und anschließend wird im Fælledparken gefeiert.
Insider Tipp *Pinsekarneval:* Zu Pfingsten wird eines der turbulentesten Feste gefeiert. Durch die Stadt ziehen ausgelassene Karnevalszüge, im Fælledparken und im Kongens Have gibt es Rock, Blues und Jazz.
Wonderful Copenhagen Marathon: Am letzten Sonntag im Mai laufen die Kopenhagener und Gäste aus aller Welt die 42,195 Kilometer.

Juni/Juli
Roskilde-Festival: Ende Juni oder Anfang Juli spielen bis zu 200 Bands und Solisten auf dem legendären Rockfestival. Für vier Tage kommen dann aus ganz Europa Rockfans in die Domstadt.
www.roskilde-festival.dk
Insider Tipp *Sankt Hans Aften:* Am 23. Juni feiern die Kopenhagener die Mittsommernacht. In den Parks, am Strand und auf Holmen wird am Feuer gesungen und reichlich getrunken.
Copenhagen Jazzfestival: Die Stadt ist zehn Tage lang im Jazzfieber. Auf Plätzen, in Parks und in den Clubs spielen junge und alte Hasen der Jazzszene.

August/September
Golden Days Festival: Konzerte, Kunst, Ballett und Theater erinnern an das Goldene Zeitalter Dänemarks (1800–50), die Blütezeit für Wissenschaft und Kunst. Das Festival findet alle zwei Jahre statt (gerade Jahreszahlen).

Oktober
Kulturnacht: Museen, Theater, Kirchen, Galerien und Kinos bleiben geöffnet. Spezielle Nachtbusse fahren die Besucher zu den einzelnen Orten. *2. Freitag*

November/Dezember
Weihnachtsmarkt: Kopenhagen verwandelt sich in einen riesigen Markt. Am Samstag vor dem 1. Advent bekommen Kopenhagens Kinder einen Schock: Dutzende von Weihnachtsmännern ziehen durch die Strøget.

Ausgelassen: beim Pinsekarneval

SEHENSWERTES

Parks, Plätze und Paläste

Die Bauwerke der Könige und wo das Volk sich vergnügt und entspannt

Kopenhagens Sehenswürdigkeiten scheinen alt, sie sind es aber nicht wirklich. Das ursprüngliche Kopenhagen ist bis auf wenige Häuser kaum erhalten geblieben. Im Laufe der Jahrhunderte haben drei große Brände die Stadt in Schutt und Asche gelegt. Rathäuser, Kirchen, die Universität und zahlreiche Wohnhäuser wurden zerstört und immer wieder neu – oft anders – aufgebaut. Schlendern Sie heute durch Kopenhagen, kommen Sie hauptsächlich an Bauwerken des 18. Jhs. vorbei.

Tatsächlich alt und nahezu unverändert ist dagegen der Grundriss der Stadt. Straßen und Gassen, Parks und Plätze befinden sich immer noch an der Stelle, an der Könige sie einst anlegen ließen. So fühlt man sich in der Innenstadt an die Zeit der Fuhrwerke und Fußgänger erinnert. Weite Wege gibt es nicht. Also gehen Sie zu Fuß, und lassen Sie sich Zeit, denn zu entdecken gibt es neben den großen Sehenswürdigkeiten auch viele liebevolle Details. Wie die Türschilder aus Porzellan, auf denen die Namen aller Familienmitglieder stehen, das kunstvoll gelegte Pflaster auf dem Amagertorv, die Hand schmeichelnden Salzstreuer im dänischen Design oder die leuchtenden Farben der Fassaden. Es wird Ihnen also viel Buntes, aber dennoch Geschmackvolles begegnen.

Kirchturm mit Außentreppe: Vor Frelsers Kirke

Alt und Neu trifft sich am Kastell

BAUDENKMÄLER & MONUMENTE

Børsen (Börse) [111 D3]

Vier ineinander verschlungene Drachenschwänze recken sich vom Dachfirst in den Himmel. Der Turm der Börse mag nicht der imposanteste sein, er ist aber sicher der verspielteste der Kopenhagener Skyline. Dabei dachte zu Bauzeiten (1619–40) niemand daran, der Börse Drachen aufs Dach zu setzen. In Auftrag gegeben von Christian IV., sollte das Gebäude anfangs als

19

Baudenkmäler & Monumente

Reich geschmückt mit Giebeln und Drachenschwänzen: die Börse

Markthalle und Kontorhaus, später als Börse dienen. Nach Fertigstellung war der König jedoch wenig erbaut. Der Renaissancebau erschien ihm eher langweilig. So erging der königliche Wunsch an die Bauherren Lorenz und Hans von Steenwinckel, die Börse zum Kanal hin mit kleinen Giebeln zu verzieren und dem Dach einen prachtvollen Turm aufzusetzen.

1772 drohten die Schwanzspitzen vom First zu stürzen und wurden vorsichtshalber abgenommen. Die Kopenhagener stritten damals heftig, ob die Drachen wieder aufs Dach sollten. Glücklicherweise konnte sich der Hofbaumeister, der für eine schlichte Kuppel warb, nicht durchsetzen. Den modernen Börsianern wurde es bald zu eng unter den Drachen. Heute residiert in der Börse die Handelskammer.
Børsgade, Bus 19, 48, 2A Børsen

**Den Lille Havfrue
(Kleine Meerjungfrau)** [107 F4]

★ Welch Skandal! Im Schutze der Nacht sägten Vandalen der Kleinen Meerjungfrau den Kopf ab. Da saß sie nun, Kopenhagens liebliches Frauenzimmer, ohne Haupt und Locken auf ihrem Findling an der Langelinie. Die Mordkommission sollte Kopf und Täter finden. Erfolglos.

Der Vorfall geschah 1964. Da die alten Gussformen von 1913 noch vorhanden waren, konnte schnell ein neuer Kopf gegossen werden. Die Narben sind längst verheilt, und *Den Lille Havfrue* schaut wieder verliebt, verträumt und ein wenig traurig über den Øresund – so, wie sie der Bildhauer Edvard Eriksen geschaffen hat. Den Auftrag und das Geld hatte der Künstler von dem Bierbrauer Carl Jacobsen erhalten. Der war von Andersens Liebesmärchen der kleinen

SEHENSWERTES

Seejungfrau und ihrem Prinzen so gerührt, dass er der Stadt ein Wahrzeichen schenken wollte.

Und wer saß Edvard Eriksen Modell? Nein, nicht, wie oft behauptet, Ellen Price, die Primaballerina am Königlichen Theater – es war die Ehefrau des Bildhauers. *Langelinie, Bus 26 Indiakai, Bus 29 Søndre Frihavn*

**Den Sorte Diamant
(Schwarzer Diamant)** [110 C4]
Gewagt, aber in den Augen der Kopenhagener durchaus gelungen ist der moderne Teil der königlichen Bibliothek am Ufer Christians Brygge. Alles, was in Sachen Stadt und Staat zu Papier gebracht wurde, wird hier verwahrt. Zudem befindet sich hier das Nationalmuseum für Fotografie. Asymmetrisch heißt das Zauberwort der Architekten Morten Schmidt, Bjarne Hammer und John E. Lassen, die 1999 den Bau vollendeten. Mit der ungewöhnlichen Linienführung und den asymmetrischen Fenstern strahlt der 24 m hohe schwarze Kubus etwas Leichtes und Elegantes aus. Nicht gespart haben die Bauherren am Material. Der schwarze Granit aus Simbabwe gab dem Bau seinen Namen. *Ausstellungen Mo–Sa 10 bis 19 Uhr, Eintritt 30 dkr, Christians Brygge 9, www.densortedia mant.dk, Bus 48 Det Kgl. Bibliothek*

Kastellet (Kastell) [107 E5]
Das Kastell ist die letzte erhaltene Wallanlage Kopenhagens. Es wurde zum Schutz gegen die Schweden 1662/63 angelegt. Benannt nach seinem Gründer Frederik III., heißt es offiziell Citadellet Frederikshavn.

Seit 1725 diente das Kastell in der Hauptsache als Gefängnis. Prominentester Häftling war wohl Johann Friedrich Struensee, der Leibarzt des geisteskranken Christian VII. und Liebhaber der Königin. Er übernahm 1770 die Macht, regierte mittels Kabinettsbeschlüssen und wurde 1772 gestürzt.

MARCO POLO Highlights »Sehenswertes«

★ **Den Lille Havfrue**
Wie schaut sie nur?
(Seite 20)

★ **Amalienborg Slot**
Das Zuhause von Königin Margrethe II. und Prinz Hendrik (Seite 28)

★ **Tivoli**
Ein Besuch im Vergnügungspark ist Pflicht! (Seite 35)

★ **Vor Frelsers Kirke**
Schwindel erregender Turm
(Seite 28)

★ **Strøget**
Im Shoppingstrom (Seite 35)

★ **Nyhavn**
Ein Hafen mit zwei Seiten
(Seite 34)

★ **Rosenborg Have**
Park, Paare, Picknick
(Seite 31)

BAUDENKMÄLER & MONUMENTE

Da es jedem Häftling zustand, am Gottesdienst teilzunehmen, wurde der Westteil der Kirche mit dem Arrestgebäude verbunden. So konnten die Gefangenen in ihren Zellen bleiben und durch Hör- und Gucklöcher das Vaterunser sprechen. Heute werden die Gebäude innerhalb der Wälle vom Militär als Kaserne genutzt. *Wallanlagen tgl. 6 Uhr bis Sonnenuntergang, Eintritt frei, Churchill Parken, Bus 15, 19, 26, 1A Østerport Station*

Rådhus (Rathaus) [110 B3]

Die kleinen Eisbären auf dem First des Rathauses sind ein nordisches Accessoire zum italienischen Renaissancestil. Der Architekt Martin Nyrop reiste extra ins norditalienische Siena, um sich dort inspirieren zu lassen. Platz gab es genug für das neue Rathaus. Als man 1850 den Westwall schleifte, entstand ein riesiges Areal in zentraler Lage. Am 28. Juli, pünktlich zur Silberhochzeit von Kronprinz Frederik, wurde der Grundstein gelegt. 1903 konnte die Bürgervertretung einziehen und der 1000 m^2 große Festsaal eingeweiht werden. Der Mann in Gold über der Rathaustür ist übrigens der Gründer der Stadt, Bischof Absalon (1128–1201). Neben dem Haupteingang tickt Jens Olsens beeindruckende *Verdensur* (Weltuhr), eine Uhr mit zwölf Laufwerken, die neben den Uhrzeiten in aller Welt den Sonnen- und Sternenverlauf sowie den gregorianischen und julianischen Kalender zeigt.

Der 106 m hohe Rathausturm mit seinen 300 Treppenstufen zählt zu den höchsten Dänemarks. Von hier oben hat der Besucher einen phantastischen Blick über die Stadt. *Besichtigung Mo–Fr 8–17 Uhr, Führung Mo–Fr 15 Uhr, Sa 10 und 11 Uhr; Turmführungen Juni bis Sept. Mo–Fr 10, 12 und 14 Uhr, Sa 12 Uhr, Okt.–Mai Mo–Sa 12 Uhr; Weltuhr Mo–Fr 10–16, Sa 10–13*

Beeindruckende Konstruktion: Spiralgang des Runden Turms

SEHENSWERTES

Uhr, Eintritt Rathausführung 30 dkr, Turmbesichtigung 20 dkr, www.copenhagencity.dk, Bus 1, 2, 6, 8, 14, 16, 19, 32, 33, 46, 64, 68 Rådhuspladsen

**Rundetårn
(Runder Turm)** [110 B2]

Peter der Große von Russland soll 1716 auf einem Pferd den Schneckengang im Runden Turm hinaufgeritten sein. Das ist durchaus möglich, denn Christian IV. ließ den 206 m langen Spiralgang so konstruieren, dass der König im Wagen oder zu Pferd hinauf konnte, um in die Sterne zu schauen. Der 36 m hohe, zylindrische Turm wurde 1637–42 als Observatorium und zugleich als Kirchturm für die Studentenkirche Trinitatis gebaut. Nachdem 1950 eine alte Putzschicht abgeschlagen wurde, kann man erkennen, wie die Maurer die holländischen Backsteine wechselweise in gelben und roten Streifen verarbeitet haben.

Von der Aussichtsplattform hat man einen wunderbaren Blick auf die Altstadt. Das schmiedeeiserne Geländer rund um die Plattform wurde 1643 montiert. In sieben der 54 Gitterfelder sind das Monogramm Christian IV. und die Buchstaben RFP geschmiedet. Sie stehen für einen Wahlspruch des Königs: *Regna firmat pietas* – Frömmigkeit stärkt die Reiche. *Sept.–Mai Mo–Sa 10–17, So 12–17 Uhr; Juni–Aug. tgl. 10–20 Uhr, Eintritt dkr 20, Købmagergade, www.rundetaarn.dk, Bus 14, 42, 43, 184, 185, 5A, 6A, 150S, 350S Nørreport*

Tycho Brahe Planetarium [109 F3]
Es sieht aus wie eine riesige, schräg abgesägte Dose: Der 1989 eingeweihte Bau ist Europas größtes Planetarium. Sein Namensgeber, der dänische Astronom Tycho Brahe (1546–1601), entdeckte 1572 mit Hilfe astronomischer Berechnungen einen neuen Stern, den Nova Cassiopeia. Im Planetarium entführt ein computergesteuerter Projektor den Besucher auf einer 1000 m^2 großen Leinwand in die virtuelle Welt der Sterne und Planeten. *Tgl. 10.30–21 Uhr, Eintritt 25 dkr, Gammel Kongevej 10, www.tycho.dk, S-Bahn Vesterport, Bus 14, 15, 29, 30, 40, 47, 67, 68, 5A, 6A Vesterport Station*

FRIEDHÖFE & PARKS

Assistens Kirkegård [O]
Irgendwann wurde der Leichengestank unerträglich. War es im Mittelalter Brauch, die Toten in den Kirchen zu begraben, gab es bald keinen Platz mehr rund um die Altäre. 1711, im Jahr der Pest, mussten bis zu fünf Särge übereinander in den Boden gesetzt werden. Die Konsequenz: Außerhalb der Stadt wurden Hilfsfriedhöfe angelegt. Mitte des 18. Jhs. verschlechterten sich die Verhältnisse in Kopenhagen derartig, dass 1757 die königliche Anordnung erging, einen weiteren Hilfsfriedhof außerhalb der Wälle einzurichten. Jede Kirchengemeinde sollte einen Teil des Friedhofs verwalten und hier ihre Ärmsten und Anonymen begraben.

Für die Reichen wurde so Platz im Boden der Kirchenschiffe geschaffen. Erst als ein wohlhabender und angesehener Kopenhagener 1785 verfügte, er möge auf einem Armenfriedhof seine letzte Ruhe finden, wurden auch die Hilfsfriedhöfe Ruhestätten der feinen Gesell-

FRIEDHÖFE & PARKS

Tropischer Norden: Botanischer Garten mit Blick auf das Palmenhaus

schaft. Der Assistens Kirkegård entwickelte sich zu einem ansehnlichen Park mit imposanten Grabmälern. Bestattet sind hier der Philosoph Søren Kirkegaard (Abschnitt B), der Dichter Hans Christian Andersen (Abschnitt P), der Maler Christen Købke und der Schriftsteller Martin Andersen Nexø (beim Eingang). *Nov.–Feb. tgl. 8–16, März–Okt. tgl. 8–18 Uhr, Führungen am ersten und letzten Sonntag im Monat, 13 Uhr, 50 dkr, Nørrebrogade, www.assistens.dk, Bus 5A, 18, 350 S Nørrebros Runddel*

**Botanisk Have
(Botanischer Garten)** [106 C6]
Am Anfang waren es ein paar Kräuterbeete im Garten der Universität, bestellt und gejätet von einem Professor und einem Gärtner. 1871 entschied der Reichstag, in Kopenhagen einen stattlichen botanischen Garten anzulegen, und zwar in den alten Wallanlagen.

Gartenbauer und Architekten suchten nach Vorbildern in Belgien und England, wo man bereits Erfahrung mit dem Bau von gläsernen Treibhäusern hatte. So entstanden moderne Gewächshäuser aus Gusseisen, Glas und Holz. Imposant ist das runde, 4000 m² große Palmenhaus. Unter Glas wächst und blüht alles Tropische und Subtropische, während draußen 20 000 Blumensorten und die Gewächse des Königreiches, auch aus Grönland und den Färöer-Inseln, Wurzeln schlagen. *Garten Mai–Sept. tgl. 8.30–18 Uhr, Okt.–April Di–So 8.30–16 Uhr, Palmenhaus tgl. 10–15 Uhr, Eintritt frei, Gothersgade 140/Øster Farimagsgade 2c, www.botanic-garden.ku.dk, Bus 14, 42, 43, 184, 5A, 6A, 185, 150S, 350S, Nørreport Station*

Fælledparken [106 B2]
Fælled heißt auf Deutsch Gemeindewiese. Historisch gesehen stimmt es: Bis Ende des 19. Jhs. diente diese Grünfläche zwischen Nørrebro und Østerbro als militärisches Übungsgelände und als Weideland für Pferde und Rinder. Als Park

SEHENSWERTES

wurde Fælledparken 1908 angelegt. Da sich auf der Gemeindewiese seit Abzug der Soldaten und des Viehs das einfache Volk vergnügte, verzichteten die Gartenbauer auf eine romantische Parkgestaltung. Sie wollten den Charakter der weiten Wiese erhalten. Ein Erlebnis ist der Garten der Sinne. Hier können Kinder wie Erwachsene durch Fühlen, Hören und Riechen ihre Sinne für die Natur schärfen. *Tgl. rund um die Uhr geöffnet, Trianglen/Østerallee, S-Bahn Østerport, 42, 43, 150 S Universitätsparken*

Insider Tipp

Østre Anlæg/ Ørsteds Parken [107 D5]

Wie der Botanische Garten gehören diese beiden Parks zum grünen Gürtel der ehemaligen Wallanlagen. Die hügelige Anlage des Ørsteds Parken – benannt nach dem Entdecker des Elektromagnetismus H. C. Ørsted – lädt zum beschaulichen Sonnenbaden ein, während die Østre Anlæg, der größte Wallpark, Familien lockt. Neben den großen Rasenflächen gibt es hier Plätze für Ballspiele und im Sommer betreute Kinderspielplätze. Im Winter sind die Hügel ideale Rodelpisten. *Beide tgl. rund um die Uhr geöffnet, Østre Anlæg: Gothersgade/Øster Voldgade, Bus 14, 40, 42, 43, 184, 185, 150S Sølvtorvet, Ørsteds Parken: Nørre Voldgade/Nørre Farimagsgade, Metro Nørreport St., Bus 14, 42, 43, 184, 185, 150S, 350S*

KIRCHEN

Christians Kirke [111 D4]

Sie wollte eine eigene Kirche in Christianshavn – die deutsche Gemeinde. Als ständiger Bittsteller in der Erlöserkirche fühlten sich die *tysker* klein und verachtet. König Frederik V. entsprach der Bitte, gab den Baugrund und weihte sie 1759 unter dem Namen *Frederiks Tyske Kirke* (Friedrichs Deutsche Kirche) ein. Auffällig und vergleichbar mit einem Theater ist die dreistöckige Logenreihe. Diese Logen waren ausschließlich den wohlhabenden Gemeindemitgliedern vorbehalten. Der Altar aus norwegischem Marmor sowie die Kanzel und Orgel aus marmoriertem Holz wurden, wie in reformierten Kirchen üblich, übereinander gebaut.

Im 19. Jh. verkleinerte sich die deutsche Gemeinde in Christians-

Richtig fit!

Hier laufen sich die Kopenhagener gesund

Kopenhagens beliebteste Joggerstrecke führt entlang der drei Seen westlich der Innenstadt. Nach Feierabend treffen sich um den Skt. Jørgens Sø, den Peblinge Sø und den Sortedams Sø auf der Uferpromenade keuchende Kopenhagener. Asphalt- und Schotterwege führen rund um die Seen. Beschaulicher, weil mit weniger Autolärm verbunden als am Ostufer, laufen Sie am Westufer entlang. Um jeden einzelnen See sind es circa 1,5 bis 2 km. Wollen Sie alle Seen umrunden, brauchen Sie Kondition für 7 km.

KIRCHEN

havn, die Kirche wurde zu einer dänischen Gemeindekirche umdeklariert. Von nun an sollte sie Christians Kirke heißen. *März–Okt. tgl. 8–18 Uhr, Nov.–Feb. tgl. 8–17 Uhr, Strandgade, www.christianskirke.dk, Bus 19, 48, 2A, 350S, Christianshavn Station*

Grundtvigs Kirke [O]
Ein wenig gleicht sie einem überdimensionalen Legobauwerk. 6 Mio. hellgelbe Ziegel haben die Maurer nach Anweisung des Architekten Peder Vilhelm Jensen Klint (1853–1930) in der Grundtvigs Kirke vermauert. In Gedenken an den Bischof Nikolai Frederik Severin Grundtvig sollte die Kirche bescheiden wirken und doch zugleich monumental sein. So entstand eine gewaltige Kathedrale in der Form einer dänischen Dorfkirche. 1800 Gläubige finden hier Platz, doch die Ausstattung ist eher karg. Kaare Klint, der nach dem Tod seines Vaters den Bau vollendete, verzichtete auf Schnörkel an der Fassade und Farbe im Inneren. *März–Okt. Mo–Sa 9–16, So 12–13 Uhr, Nov.–März Mo–Sa 9–16, So 12–16 Uhr, På Bjerget 14B, www.grundtvigskirke.dk, S-Bahn Emdrup, Bus 42, 43, 6A Emdrup Station*

Helligånds Kirke [110 C2]
Märkte und Andachten locken in die Heiliggeistkirche am Rande des Amagertorv: In einem Gewölbe werden antiquarische Bücher verkauft, im Kirchenschiff finden täglich (12 Uhr) Musikandachten statt. Die Kirche wurde im 14. Jh. gebaut und war Teil des Heiliggeistklosters, in dem sich Priester und Ammen um Kranke und Findelkinder kümmerten. Der erhaltene Westflügel der Kirche diente einst als Krankenabteilung und wurde 1918–57 als Volksbibliothek eingerichtet. Heute finden hier Konzerte und kulturelle Veranstaltungen statt. Helligånds Kirke bekam als erste Kopenhagener Kirche ein holländisches Glockenspiel. Dies läutete, bevor es in den Flammen des Stadtbrandes 1728 schmolz: Wende deinen Zorn ab, Herr, Gott der Gnade. *Mo–Fr 12–16 Uhr, Amagertorv/Strøget, Metro Kongens Nytorv und Bus 15, 19, 26, 350S Kongens Nytorv*

Holmens Kirke [111 C3]
1619 ließ Christian IV. eine kleine Schmiede auf Bremerholm zur Marinekirche ausbauen. Bald musste das Gotteshaus vergrößert werden und bekam die heutige Form einer Kreuzkirche. Imposant ist die Kanzel. Sie reicht vom Boden bis zur Decke und ist damit die größte in Kopenhagen. Noch heute ist Holmens Kirke die Kirche der Marine und zugleich die Hauskirche der Königsfamilie. Königin Margrethe II. gab hier 1967 ihrem Mann Prinz Hendrik das Jawort. *Mo–Fr 9–14, Sa 9–12 Uhr, Holmens Kanal, www.holmenskirke.dk, Bus 15, 26, 29 Holmens Kirke*

Marmorkirken [111 D1]
Pleitebau würde man die Marmorkirche heute nennen. Eine gigantische Zentralkirche sollte sich über dem Stadtteil Frederiksstaden erheben und dem Petersdom in Rom bzw. der Saint Paul's Cathedral in London gleichen. Der Grundstein der Kuppelkirche wurde 1749 gelegt. Während der Fundamentlegung kamen König Frederik V. Zweifel: Ihm erschien der Bau nicht imposant genug, sollte er doch seinen

SEHENSWERTES

Der Name täuscht: Die Marmorkirken ist auch aus Sandstein gebaut

Namen tragen. Deshalb wünschte der Monarch Marmor statt Sandstein. Dies jedoch sprengte die Staatskasse. Die Folge: 1770 wurden die Bauarbeiten von Johann Friedrich Struensee eingestellt. Der neue König hieß Christian VII., und der Hofbaumeister Nicolai Eigtved, der die pompösen Pläne entworfen hatte, war inzwischen gestorben.

Was blieb, war eine Baustelle mit Säulenteilen und 9 m hohen Marmorblöcken. Erst 1847 kaufte ein finanzkräftiger Kopenhagener den gesamten Bauplatz und versprach, die Kirche fertig zu bauen, jedoch bescheidener und kleiner. Immerhin wurde die Kuppel 46 m hoch, doch musste der Architekt Ferdinand Meldahl auf Marmor verzichten und die Kirche mit Sandstein vollenden. *Mo, Di und Do 10–17, Mi 10–18, Fr–So 12–17 Uhr, geführte Touren Juni–Aug. tgl. 13 und 15 Uhr, Sept.–Mai nur Sa, So 13 und 15 Uhr, Aufgang zur Kuppel Juni–Aug. tgl. 13 und 15 Uhr,* *Eintritt 25 dkr, www.marmorkirken.dk, Frederiksgade 4, Bus 15, 19, 26, 1A Fredericiagade*

Nikolaj Kirke [110 C2]

Nach dem Stadtbrand 1795 lag die im 13. Jh. gebaute Kirche in Schutt und Asche: der Turm ohne Spitze, die Mauern geborsten. Für den Wiederaufbau fehlte das Geld, und so wurde 1804 die Gemeinde rund um den Nikolaj Plads aufgelöst und der Kirchhof geräumt. Die Reste des Turms nutzte die Feuerwehr als Wachturm. 1810 bekamen Kopenhagens Schlachter die Erlaubnis, ihre Buden im verlassenen Kirchhof aufzubauen. Im Laufe der Jahre entstand hier ein Markt mit 82 Buden; sehr zum Missfallen der Anwohner, die sich über den üblen Geruch beschweren. Erst mit dem Wiederaufbau der Kirche 1917 räumten die Schlachter ihre Buden.

Heute finden in der Nikolaj Kirke Ausstellungen für moderne Kunst statt. Im Seitenflügel gibt es

SCHLÖSSER

Insider Tipp ein Café und Restaurant, wo man abseits des Trubels der Strøget in besinnlicher Atmosphäre köstliche *frokost* bekommt. *Tgl. 12–17 Uhr, Eintritt 20 dkr, Nikolaj Plads, Tel. 33 93 16 26, www.nikolaj-ccac.dk, Metro Kongens Nytorv, Bus 15, 19, 26, 1A, 305S Kongens Nytorv*

Skt. Petri Kirke [110 B2]

Verbrannt, zerstört, bombardiert – die Petri-Kirche (1304) blieb von keiner Katastrophe verschont. 1386 vernichteten Flammen das Kirchengebäude samt Glocken. Wieder auf- und zur Kreuzkirche ausgebaut, wurde 1728 das gesamte Inventar von der Feuersbrunst zerstört. 1807 beschädigten englische Bomben die Kirche, der Turm blieb wie durch ein Wunder stehen. Seit 1585 wird in der Kirche auf Deutsch gebetet. Frederik II. überließ den Bau der deutschen Gemeinde, die in Kopenhagen eine eigene Kirche wünschte. Noch heute predigt hier ein deutscher Pastor. *Di–Sa 11–15 Uhr, Führungen Sa 11 Uhr, Eintritt 20 dkr, Nørregade 2, www.sankt-petri.dk, Bus 6A Krystalgade*

Vor Frelsers Kirke (Erlöserkirche) [111 E4]

★ Der Turm ist die Attraktion der Erlöserkirche (1692–96) in Christianshavn. Um seine Spitze windet sich eine Treppe mit 150 Stufen. 1750 wurde der Erlöserkirche der Turm mit der Schneckentreppe aufgesetzt, und König Frederik V. – hoffentlich schwindelfrei – durfte als Erster den 90 m hohen Turm besteigen und über die Stadt gucken. Sehenswert in der Kirche sind der Altar mit den Säulen aus rotflammigem Marmor (1732) und die von zwei Stuckelefanten getragene zweigeschossige Orgel (1698). *April–Aug. tgl. 11–16.30, Sept.–März tgl. 11–15.30, Turm nur April–Okt., Annægade 29, www.vorfrelserskirke.dk, Metro Christianshavn, Bus 2A, 19, 48, 350S Christianshavn Station*

Vor Frue Kirke (Liebfrauenkirche) [110 B2]

Nach der Grundsteinlegung um 1200 wurde der Kopenhagener Dom mehrmals wieder aufgebaut, zuletzt im streng klassizistischen Stil. Entworfen hat die heutige Kirche C. F. Hansen (1756–1845), einer der bedeutendsten dänischen Architekten des Neoklassizismus.

Hansen bekam 1807, nachdem englische Bomben die Kirche völlig zerstört hatten, den Auftrag, Pläne für einen neuen Dom zu entwerfen. Die Stadtväter akzeptierten schließlich dessen griechisch-römischen Baustil, nicht zuletzt weil dieser damals gerade modern war. Das Giebeldreieck, die so genannte Johannesgruppe, an der Tempelfront des Doms und die Apostelfiguren in der Kirche gestaltete der Bildhauer Bertel Thorvaldsen. *Mo bis Sa 8–17, So 8–23, Do, Fr auch 20–0.30 Uhr, Nørregade 8, www.koebenhavnsdomkirke.dk, Bus 6A, Universität/Vor Frue Plads*

SCHLÖSSER

Amalienborg Slot [111 E1]

★ Hier wohnt die Königin, genauer gesagt, im südöstlichen der vier Palais. Ist sie zu Hause, weht auf dem Dach der Dannebrog, die dänische Flagge. Es war die Idee Frederik V. (1723–66), rund um den achteckigen Amalienborger Schloss-

SEHENSWERTES

Kutsche statt Cabrio: Mitglieder der königlichen Familie

platz vier Palais zu errichten. Da der König nicht selber bauen wollte, verschenkt er die Baugrundstücke an den Geheimrat Joachim von Brockdorf, den Grafen von Levetzau, den Baron Severin Løvenskjold und an den Grafen Adam Moltke. Damit nicht genug: Den betuchten Bauherrn wurde für 40 Jahre die Steuern erlassen. 1750 begannen die Bauarbeiten nach den Entwürfen des Hofbaumeisters Nicolai Eigtved. Noch ahnte niemand, dass 50 Jahre später die königliche Familie in die Rokokopalais einziehen würde. Als 1794 Schloss Christiansborg abbrannte und Christian VI. obdachlos wurde, kaufte die königliche Familie die vier Palais. Seitdem ist Amalienborg die Residenz der dänischen Könige.

Heute wohnt im Palais Levetzau (nordwestlich) Kronprinz Frederik, im Palais Schacks – früher Løvenskjold – (südöstlich) wohnen die Königin Margrethe II. und ihr Mann Prinz Hendrik. Palais Moltke (südwestlich), der prächtig ausgestattet und am besten erhalten ist, dient repräsentativen Zwecken. Besichtigt werden darf das Erdgeschoss des Palais Levetzau, in dem einst Christian VIII. residierte. *Nov. bis April Di–So 11–16 Uhr; Mai–Okt. tgl. 10–16 Uhr; Eintritt 50 dkr; www.rosenborg-slot.dk, Bus 1A, 15, 19 Fredericiagade*

Christiansborg Slot [110 C3]
Wo einst Könige herrschten, regiert heute das Volk. Christiansborg ist Sitz des *Folketing,* des dänischen Parlaments. Und die Abgeordneten debattieren wahrlich auf historischem Boden. 1167 baute Absalon hier die erste Burg. Archäologen entdeckten 1907 während der Bauarbeiten des jetzigen Schlosses deren Ruinen. In den folgenden Jahrhunderten wurde die spätmittelalterliche Burg zwar immer wieder umgebaut und erweitert, doch für

Insider Tipp

29

SCHLÖSSER

ein Schloss genügte es nicht. Ein englischer Diplomat notierte 1692: »Die Residenz des Königs ist die am schlechtesten gelegene, ärmlichste und unbequemste in der ganzen Welt.« Christian VI. (1699–1746) setzte dieser Schande ein Ende, ließ das Gebäude 1731 abreißen und baute sich ein Barockschloss, das seinen Namen verdiente: Christiansborg. Doch der Brand von 1794 verwüstete Christiansborg, die Königsfamilie zog nach Amalienborg. Christiansborg II. baute C. F. Hansen im klassizistischen Stil. Auch dieses Schloss brannte nieder, lediglich die Kirche blieb stehen.

Christiansborg III. wurde schließlich in den Jahren 1907–28 gebaut. Der wuchtige Barockturm und die düstere Granitverkleidung verleihen dem Schloss jedoch wenig Glanz. Trotzdem: Hier empfängt Königin Margrethe II. ihre Staatsgäste. Ihre Repräsentationsräume dürfen bei Schlossführungen betreten werden. Auch die Königlichen Ställe – sie wurden von den Flammen 1794 verschont – samt Pferden und Kutschen und das einstige Königliche Hoftheater (1767), heute Requisitenmuseum, können besichtigt werden. *Schlossführungen Mai–Sept. tgl. 11, 13 und 15 Uhr, Okt.–April Di–So 15 Uhr, Eintritt 60 dkr, Ruinen unter dem Schloss Mai–Sept. tgl. 9–15 Uhr, Okt.–April Di–So 10–16 Uhr, Eintritt 30 dkr, Königliche Theater Di, Mi, Do 11–15 Uhr, Sa und So 13 bis 16 Uhr, Königliche Ställe Mai–Sept. Fr–So 14–16 Uhr, Okt.–April Sa und So 14–16 Uhr, Eintritt 20 dkr, www.slotte.dk, Bus 15, 26, 29, 1A, 2A, 650S Christiansborg*

Rosenborg Slot [110 C1]
In historischen Aufzeichnungen wird das 1607 gebaute und in den folgenden Jahren erweiterte Schloss »das neue Lusthaus im Lustgarten seiner Majestät« genannt. Rosenborg hat sich äußerlich bis heute kaum verändert. Christian IV., ein

Still gestanden!

Im Gleichschritt zum Palast der Königin

Täglich um 11.30 Uhr heißt es für die stolzen Königstreuen auf dem Kasernenhof am Schloss Rosenborg: »Still gestanden – im Gleichschritt Marsch!« Mit meist ernster Miene zieht die Abteilung dann durch die City. Es ist immer die gleiche Strecke: von Gothersgade über Frederiksborggade, Købmagersgade, Østergade und Kongens Nytorv zur Bredgade. Freundliche Polizisten sorgen dafür, dass aufdringliche Touristen die Gardisten nicht aus dem Tritt bringen. Und die Kopenhagener, ob beim Einkauf oder hinter Bürofenstern, verfolgen das tägliche Schauspiel mit einem Lächeln und ein wenig Stolz. Pünktlich um 12 Uhr erreicht die Wachablösung den Palast der Königin. Ist diese daheim, bläst und trommelt die Militärkapelle; ist Margrethe II. nicht in der Stadt, geht's auch ohne Musik.

SEHENSWERTES

Auf Schloss Christiansborg empfängt die Königin Staatsgäste

Freund der Renaissance, ließ das Schloss von niederländisch-flämischen Architekten errichten. Die märchenhafte Ausstrahlung bekommt Rosenborg nicht nur durch die verspielten Giebel und Türme, sondern auch durch den besonders hellen Farbton des Mauerwerks. Die Baumeister verarbeiteten roten Ziegel und verzierten die Fassade mit hellem Sandstein. Imposant ist die Innenausstattung der 24 königlichen Gemächer, denn im Laufe der Jahrhunderte sammelten die Könige hier ihre Kunstschätze.

Seit 1833 ist das Schloss ein Museum, in dem das Volk die königlichen Kostbarkeiten bestaunen kann. Im Keller verwahren die Könige seit 1680 ihre Insignien: Krone und Zepter als Symbol für Autorität und Macht, Apfel als Symbol für Himmel und Erdkugel sowie Reichsschwert und Salbgefäß. *Jan. bis April Di–So 11–14 Uhr, Mai und Sept. tgl. 10–16 Uhr, Juni–Aug. tgl. 10–17 Uhr, Okt. tgl. 11–15 Uhr, Eintritt 65 dkr, www.rosenborg-slot.dk, Bus 5A, 6A, 14, 26, 42, 43, 184, 185, 173E, 150S, 350S Nørreport*

Zum Lustwandeln seiner Familie und Gäste ließ Christian V. einen Garten anlegen. Später durfte im Schlosspark ★ Rosenborg Have auch das Volk flanieren. Wurde der Park auch im Laufe der Jahrhunderte immer wieder neu angelegt, so verlaufen die Hauptwege wie zu Christians Zeiten. Der breitere Kavaliers- und Damengang wird gekreuzt von zwei schmaleren Wegen, die zum Schloss führen.

An schönen Tagen ist Rosenborg Have der Garten der Kopenhagener. Hier wird geschmust und geschlummert, hier feiern Familien und amüsieren sich Kinder im Marionettentheater. Im Norden des Parks verfolgt Hans Christian Andersen ein wenig versonnen das Treiben. *Tgl. rund um die Uhr, Eintritt frei, Gothersgade, 350S Kronprinsessegade, 14, 42, 43, 5A, 6A, 150S, 350S Nørreport*

31

STRASSEN & PLÄTZE

Im Sommer ist der Amagertorv der lebendigste Platz der Stadt

STRASSEN & PLÄTZE

Amagertorv [110 C2]

Hier schlägt das Shoppingherz der Strøget. Am Amagertorv lockt *Illums Bolighus* mit dänischem Design, residieren die Geschäfte von *Royal Scandinavia* mit dänischem Design, Porzellan, Glas und Silber. Auf der anderen Seite des Platzes hat der Tabakhändler W. Ø. Larsen in seinem Laden ein *Insider Tipp* kleines Pfeifenmuseum eingerichtet.

Im Sommer, wenn vor dem *Café Norden* und dem *Café Europa* Tische und Stühle stehen und die jungen Kopenhagener den Storchenbrunnen (1894) bevölkern, heißt es Sehen und Gesehenwerden. Das schönste Haus ist sicher Amagertorv Nr. 6. Es wurde 1616 im niederländischen Renaissancestil gebaut. Damals hatten die Giebel noch Kräne, mit denen die Waren in die Lagerräume gehievt wurden.

Gammeltorv und Nytorv [110 B3]

Die Strøget trennt diese beiden Plätze, den alten und den neuen Markt. Zusammengelegt nach dem Stadtbrand 1795, hat jeder Platz seinen Charakter bewahrt: Gammeltorv mit dem verspielten Caritasbrunnen (1608), den Christian IV. den Bürgern stiftete und der zu den schönsten Denkmälern der Renaissance zählt, ist der älteste Platz der Stadt. Schon im 12. Jh. war Gammeltorv der Marktplatz des Dorfes Havn. Hier stand auch Kopenhagens erstes Rathaus, das 1368 zerstört wurde.

Auf der anderen Seite der Strøget liegt der Nytorv mit der strengen Tempelfront des Gerichtsgebäudes, erbaut 1805 von C. F. Hansen. Über dem Portal ist in Stein gehauen zu lesen: *Med lov skal land bygge* (Mit dem Gesetz soll man das Land bauen). Noch heute hat das Kopenhagener Stadtgericht seinen Sitz hinter den ionischen Säulen. An die Zeit anderer Rechtsprechung erinnert ein *Insi Tip* Sockel im Asphalt auf dem Nytorv: Hier stand bis 1780 das Schafott.

Beiden Plätzen fehlt es heute ein wenig an Charme, was an ihrer Größe, aber auch daran liegen mag, dass es hier keine attraktiven Ge-

SEHENSWERTES

schäfte oder einladenden Cafés gibt. So zieht der Caritasbrunnen vor allem diejenigen an, die ihre Flasche Bier selbst mitbringen.

Gråbrødretorv [110 B2]

Die große Platane ist der malerische Mittelpunkt des wohl schönsten Platzes der Altstadt. Abseits des Trubels der Købmagergade herrscht hier nahezu besinnliche Ruhe: Auf den Bänken unter der gewaltigen Krone des Baumes wird gelesen, man lässt sich nieder, um einfach die Stille zu genießen, oder man lauscht Konzerten oder Theateraufführungen im Sommer. Den Platz säumen detailgetreu restaurierte Fassaden und appetitanregende Restaurants, deren Kellner im Sommer draußen servieren und in weißen Schürzen über den Platz eilen.

Gegessen wurde auf dem Gråbrødretorv schon immer gerne: 1238 bezogen Mönche des Franziskanerordens Graue Brüder hier ihr Kloster. 300 Jahren später wurde es aufgelöst. Die Mönche sollen sich mit Völlerei und Ausschweifungen unbeliebt gemacht haben. Die Wirtschaftsgebäude wurden abgerissen. Archäologen fanden Mauerreste in den Fundamenten der Häuser Nr. 11 und 13 (Restaurants Peder Oxe und Bøf & Ost).

Kongens Nytorv [111 D2]

Kongens Nytorv entwickelte sich 1670 zum neuen Verkehrsknotenpunkt Kopenhagens. Christian V. ließ den Platz pflastern, nicht zuletzt aus militärischen Gründen, denn des Königs neuer Platz eignete sich als Alarmplatz. Von hier aus waren die Wege für die Soldaten zu den Befestigungsanlagen rund um die Stadt fast gleich weit. Natürlich sollte der Kongens Nytorv auch majestätische Pracht ausstrahlen. Deshalb wurden die Grundstücke an Wohlhabende vergeben, von denen man erwarten konnte, dass sie die Bauvorschriften erfüllten: mindestens zweistöckige Gebäude mit massiver Fassade zur Straße hin.

Im 17. Jh. wurden das Schloss Charlottenborg, seit 1754 Kunstakademie, und das gegenüber liegende Thotts Palais, heute Sitz der französischen Botschaft, gebaut. 1749 kam das königliche Theater dazu, 1795 das älteste Hotel der Stadt, das D'Angleterre. Im Zentrum des Platzes sitzt Christian V. als römischer Imperator hoch zu Ross. Von dem französischen Bildhauer Abraham-César Lamoureux 1687 in Blei gegossen, verlor der stolze König im Laufe der Jahrhunderte an Haltung – der linke Pferdefuß knickte ein unter der Last seines

Frühlingssonne am Kongens Nytorv

Strassen & Plätze

Der Nyhavn ist Pflichtprogramm für jeden Kopenhagenbesucher

bleiernen Reiters. 1946 wurde ein neuer Guss des Königs enthüllt – diesmal in Bronze. So sitzt Christian V. heute wieder fest im Sattel mitten auf dem größten Platz Kopenhagens und wird tagtäglich von einer Heerschar von Autos und Bussen umkreist.

Verzaubert wird der Kongens Nytorv im Winter. Dann leuchten in den Baumkronen Tausende kleine Lampen, und rund um Christian V. vergnügen sich große und kleine Kopenhagener auf einer Eisbahn.

Nyhavn [111 D2]

★ 🏃 Christian V. ließ den Stichkanal 1671–73 graben. Die Wasserstraße sollte den Hafen mit dem Zentrum verbinden, sodass die Segelschiffe mitten in der Stadt festmachen und gelöscht werden konnten. Nyhavn hat heute wie damals seine zwei Seiten: die sonnige, damals sündige mit den farbigen Häusern, und die schattige, anständige, wo wenig los ist. Aber das verruchte Kiezmilieu werden Sie heute vergeblich suchen, auch wenn im Sommer im *Neuen Hafen* historische Segler festmachen. Nyhavn ist heute eine Kneipen- und Restaurantmeile mit mehrsprachigen Speisekarten und Touristenmenüs. Wer keinen Hunger hat, sollte sich trotzdem hierher begeben. Sind alle Stühle besetzt, ist immer noch ein Platz auf der Kaimauer frei. Das Bier darf man dorthin mitnehmen – und dann in Ruhe den wunderbaren Blick auf die Boote im Hafen und auf die bunten Fassaden der Häuser genießen.

Auffällig ist das kleine blaue Haus Nyhavn Nr. 9 mit der Jahreszahl 1681. Hier wohnte nicht, wie oft behauptet, der Dichter H. C. Andersen, dieses Haus gehörte wahrscheinlich dem Hafenmeister. Es ist in Form und Größe genau der Haustyp, der das Kopenhagener Stadtbild vor dem Brand 1728 präg-

SEHENSWERTES

te. Übrigens: H. C. Andersen wohnte in den Häusern Nr. 18, 20, 67 und 69.

Strøget [110 B3–C2]
★ 🏃 Auf Stadtplänen werden Sie die Strøget (Strich) vergeblich suchen – brauchen Sie auch nicht. Sie zieht jeden Kopenhagenbesucher wie ein Magnet an. Plötzlich sind Sie mittendrin im Shoppingstrom, der sich vom Rådhuspladsen in einer Länge von gut 2 km zum Kongens Nytorv schlängelt. Der Rathausplatz steht dabei für das neue, demokratische Kopenhagen, der Kongens Nytorv für das alte, königliche Kopenhagen. Auf dem Weg zwischen Fredriksberggade, Nygade, Vimmelskaftet, Amagertorv und Østergade verändert die Strøget allmählich ihr Gesicht. In Rathausnähe regieren noch Burger King, McDonald's, Softeis, Souvenir- und Wechselstuben. Schrill und laut ist es hier. Doch mit jedem Meter weiter in Richtung Kongens Nytorv wird die Strøget eleganter, werden die Auslagen in den Schaufenstern exklusiver, steigen die Preise. Das Ende der Strøget, die Østergade, ist seit jeher Kopenhagens feinste Adresse. Schon Ende des 18. Jhs. wurden hier die Bürgersteige mit Platten belegt, damit die Damenwelt sauberen Fußes flanieren konnte. 1962 wurde die Strøget zur ersten Fußgängerzone Europas erklärt. Bis heute ist sie auch die längste geblieben.

VERGNÜGUNGSPARKS

Bakken [0]
Bakken ist das volkstümliche Tivoli. Hier geht es ausgelassener zu, hier wird in Bierzelten geschunkelt, in Tanzlokalen mitgesungen. In Bakken ist die ursprüngliche Jahrmarktatmosphäre mit Karussell, Geisterbahn, Autoscooter, Schießbuden, Kasperltheater noch zu spüren. Und Bakken ist weniger »fein« als das Tivoli. Die Besucher dürfen in mehreren Restaurants ihren mitgebrachten Proviant verzehren, wenn sie ein Getränk kaufen. Der Eintritt auf das Gelände ist kostenlos, für die Fahrgeschäfte gibt es Rabatthefte. *April–Anfang Sept. Mo–Fr 14–24, Sa 13–24, So 12–24 Uhr, Dyrehavsbakken, www.bakken.dk, S-Bahn oder Regionalzug Klampenborg*

Tivoli [110 A4]
★ »Wenn sich das Volk amüsiert, politisiert es nicht.« Mit diesen Worten überzeugte der Journalist Georg Carstensen (1812–57) König Christian VIII., vor den Stadtwällen

Tivoli: Rummelplatz mit Topstars

35

VIERTEL

einen Vergnügungspark bauen zu dürfen. Der König sagte ja, und am 15. August 1843 öffnete das Tivoli. Damals lag der Park mit seinen bunt beleuchteten Zelten, Schießbuden und Karussells noch auf der grünen Wiese. Mit der Eröffnung des ersten Kopenhagener Bahnhofs 1847 in direkter Nachbarschaft des Tivoli kamen immer mehr Besucher, und Carstensens Idee wurde zu einem Erfolg. Nachdem der Stadtwall geschleift worden war, gehörte auch der Wallgraben zum Tivoli – heute der See mitten im Vergnügungspark.

Tivoli gilt als *die* Attraktion Kopenhagens. Ob zu Recht, darüber muss der Besucher selbst entscheiden. Mit Sicherheit aber bietet das Tivoli eine bunte bis skurrile Mischung an Attraktionen. Das reicht von verrauchten Hallen mit Spielautomaten über Hau den Lukas, Kinderkarussells und Schwindel erregende Fahrgeschäfte bis hin zu feinen Restaurants und Konzerten mit Weltstars im *Tivoli Koncertsal* oder auf der Freilichtbühne *Plænen*. *Mitte April–Mitte Juni und Mitte Aug.–Mitte Sept. So-Mi 11–23, Do und Sa 11–24, Fr 11–1 Uhr, Mitte Juni–Mitte Aug. So–Do 11–24, Fr–Sa 11–1 Uhr, Mitte Nov.–23. Dez. So–Do 11–22, Fr–Sa 11–23 Uhr, Eintritt 75 dkr, Vesterbrogade 3, www.tivoli.dk, S-Bahn Hauptbahnhof, Bus 10, 12, 14, 15, 26, 29, 30, 33, 40, 47, 48, 67, 68, 69, 2A, 5A, 6A, 250S Rådhuspladsen*

VIERTEL

Brokvater (Brückenviertel)
Zu ihrer Entstehungszeit im 19. Jh. waren die Brückenviertel trostlose Arbeiterquartiere außerhalb des Stadtgebietes. Benannt wurden sie nach den gepflasterten (dänisch: *brolagte*) Einfallstraßen Nørrebrogade, Vesterbrogade und Østerbrogade, die schon lange vor den Vierteln existierten. Seitdem die Stadtteile Vesterbro und Nørrebro in den siebziger Jahren saniert wurden, sind sie vor allem für junge Kopenhagener zu attraktiven Wohnvierteln avanciert.

Heute hat jedes Brückenviertel seine eigene Szene: 🏃 Nørrebro **[106 A5–6]**, zu erreichen über die Dronning Louises Bro, ist bunt und alternativ. Entlang der Nørrebrogade und rund um den Skt. Hans Torv *Inside Tipp* gibt es zahlreiche Restaurants und Läden verschiedener Nationen und Kulturen.

🏃 Vesterbro **[108–109 C–F4]**, hinter dem Hauptbahnhof, wird häufig als Kopenhagens Rotlichtviertel beschrieben. Zwar gibt es entlang der Istedgade alles in Sachen Lust und Laster, doch es ist völlig harmlos und nur die eine Seite Vesterbros. Die andere ist eine vorwiegend junge Szene mit preiswerten Geschäften, Trödlerläden, Cafés und Kultur. In den über 100 Jahre alten Øksnehallen, *Inside Tipp* die früher zu Kopenhagens Schlachthof gehörten, wird heute Industriedesign, Mode und moderne Kunst ausgestellt. *Halmtorvet 11, www.oeksnehallen.dk*

Østerbro **[106–107 B3–D3]** ist das »feinere« Brückenviertel im Nordwesten zwischen Østerbrogade und Strandboulevarden. Hier sind die Läden edel und die Restaurants teuer. Die meisten Wohnungen und Villen wurden Anfang des 20. Jhs. gebaut und sind deshalb in einem wesentlich besseren Zustand als die Wohnkasernen in Nørrebro

SEHENSWERTES

Buntes Brückenviertel Nørrebro – hier an der Dronning Louises Bro

und Vesterbro. Hinzu kommt: Østerbro ist mit dem Fælledparken ein grünes Quartier. In diesem Brückenviertel wohnen die wohlhabenden Kopenhagener.

Christiania [111 E–F4]

🏃 Wenn Sie nur gucken wollen: kein Problem. Fotografieren hingegen ist nicht so gern gesehen in Christiania. Die Christianitter mögen es nicht, wenn Touristen ihren »Freistaat« wie einen Zoo besuchen. *Fristaden Christiania* wurde Anfang der siebziger Jahre von Jugendlichen ausgerufen, nachdem sie das vom Militär verlassene Areal im Stadtteil Christianshavn besetzt hatten. In den ersten Jahren kam es zu heftigen Auseinandersetzungen zwischen Staat und »Freistaat«. Im *folketing* (Parlament) stritten die Parteien, ob man die Aussteiger dulden oder das Gelände mit Gewalt räumen sollte. Schließlich einigten sich die Politiker auf die Formel »soziales Experiment« und legalisierten das »Projekt Christiania«. Nicht ohne Folgen: Der selbst verwaltete Stadtteil lockte all jene an, die meinten, im Freistaat sei alles erlaubt – auch das Dealen mit Drogen.

Anfang der achtziger Jahre erklärten die Bewohner, Christiania solle *junkfri* werden. Seitdem werden härtere Drogen nicht geduldet und der Handel und Konsum mit Rausschmiss geahndet. Dagegen wird Haschisch als Genussmittel angesehen. Die Zeiten des Haschmarktes sind jedoch vorbei. Einst von der Polizei geduldet, wurde der offene Handel 2004 untersagt.

In den vergangenen Jahren haben sich die rund tausend Bewohner und die Kopenhagener Behörden arrangiert. Verträge regeln die Strom- und Wasserversorgung, die Bewohner zahlen Abgaben. Selbst konservative Parteien drohen nach 30 Jahren »Freistaat« nicht mehr ernsthaft mit einer Räumung. *Prinsessegade / Bådsmandsstræde*, Füh-

VIERTEL

Entspannen & Genießen

Exotisch relaxen, klassisch schwitzen

Im Ni'mat werden Sie verwöhnt. Ni'mat heißt auf Indonesisch Luxus. Wahrlich, hier erleben Sie ihn: Massagen mit heißen Lavasteinen, Dampfbäder, Jacuzzi unter freiem Himmel und schließlich Gesundes aus der Thai-Küche. *Mo–Sa 10–20, So 10 bis 17 Uhr, 1 Std. Körpermassage 475 dkr, Købmagergade 41, Tel. 33 15 89 55, www.nimat.dk, S-Bahn/Metro Nørreport, Bus 14, 42, 43, 184, 185, 150S, 350S.* Wer es klassischer mag, ist als Tagesgast im Fitnesscenter *Arndal* im *Hotel D'Angleterre* willkommen. Hier können Sie schwimmen, schwitzen und sich von Trainern quälen lassen. *Mo–Fr 7–21, Sa und So 8–19 Uhr, 1 Std. Massage 750 dkr, Kongens Nytorv 34, Tel. 33 37 06 68, Metro Kongens Nytorv, Bus 15, 19, 26, 350S Kongens Nytorv*

rungen im Sommer tgl. 15 Uhr (Eingang Prinsessegade), www.christiania.org

Christianshavn [111 E3–F4]

Dass Christianshavn einer niederländischen Grachtenstadt gleicht, ist kein Zufall. Christian IV. plante Anfang des 17. Jhs., Kopenhagen zu erweitern. Er verordnete, niederländischen Kaufleuten und Handwerkern »eine bequeme Stelle auf unserem Land Amager ohne Gebühr zuzuweisen«. Die Holländer kamen auf die Insel Amager im Südosten der Stadt, gruben Kanäle, rammten Pfähle in das sumpfige Erdreich, legten Straßen rechtwinklig an und bauten Häuser im niederländischen Stil. Da die durch die Brücken Langebro und Knippelsbro mit dem Zentrum verbundene Insel Amager von den Stadtbränden verschont blieb, scheint es noch heute so, als sei die Zeit in den Straßen am Christians Havn Kanal stehen geblieben.

Frederiksberg [108 B–C3]

Wer hier wohnt, wohnt in Frederiksberg und nicht in Kopenhagen. Das betonen die Villenbesitzer dieses privilegierten Stadtteils nicht ohne Stolz. Denn als selbstständige Gemeinde ist Fredriksberg eine Stadt in der Stadt, die reicher als das große Kopenhagen. Hier sind zwar die Mieten höher, doch die Steuern niedriger. Zentrum ist Frederiksberg Have, ein Park mit Inseln inmitten künstlich angelegter Gewässer, wo sich am Wochenende die Kopenhagener vergnügen. Das Schloss Frederiksberg (um 1700) ist heute Militärakademie und kann nicht besichtigt werden.

Frederiksstaden [111 D–E1]

Die Bredgade und die Store Kongensgade sind die beiden bestimmenden Achsen dieses Stadtteils. Heute ist Frederiksstaden das Viertel der feinen Antiquitätenläden und noblen Einrichtungshäuser. Mitte des 18. Jhs. ließ Frederik V.

SEHENSWERTES

das Amalienborger Quartier im Rokokostil bebauen. Sein Hofbaumeister Nicolai Eigtved entwarf den Schlossplatz und das Palais. Nach dessen Tod 1754 verantwortete der Franzose Nicolais-Henri Jardin die Gestaltung des Viertels. Es entstanden breite, gerade Straßen und einheitlich hohe Häuser mit massiven Fassaden.

Latinerkvateret [110 B2]

🏃 Jahrhundertelang waren die Gassen rund um den Frue Plads das Quartier der Studenten und Professoren. Seit die meisten Institute nach Amager verlegt wurden, erinnern nur noch das alte Universitätsgebäude und die Universitätsbibliothek in der Fiolstræde an Studentenzeiten mit gelegentlichen Prügeleien und Duellen. Lässt sich das Latinerkvateret auch nicht mit dem Pariser Quartier Latin vergleichen, so ist es doch mit seinen zahlreichen Buchhandlungen, Secondhandshops, Antiquariaten, Restaurants und Kneipen das bunteste Viertel im Zentrum Kopenhagens.

Nyboder [107 D–E6]

Das Wohnquartier mit den gelben Reihenhäusern entstand im 17. Jh., zu einer Zeit, als der Wohnraum in Kopenhagen knapp war. Deshalb ließ Christian IV. außerhalb der Stadtwälle über 600 Wohnungen für Seeleute der königlichen Marine bauen. Doch Mitte des 18. Jhs. war die Siedlung mit den eingeschossigen, einfach ausgestatteten Häuschen überbevölkert. Um noch mehr Wohnraum zu schaffen, wurden die Häuser aufgestockt, weitere zweigeschossige Häuserreihen kamen dazu. Von den ursprünglichen Häusern ist heute nur noch eine Reihe erhalten, in der ein kleines Museum untergebracht ist. Es zeigt die Wohnverhältnisse einer Familie um 1900. *Nyboders Mindestue, Mi 11–14, So 11–16 Uhr, Eintritt 10 dkr, Sct. Paulsgade 24, www.orlogsmuseet.dk/nybod22.htm*

Insider Tipp

Frederiksberg Have: Der Park ist beliebtes Ausflugsziel am Wochenende

39

MUSEEN

Kunst fürs Volk

Kopenhagens beliebteste Museen, das Louisiana und das Arken, liegen im Grünen und in den Dünen

Futuristisch: im Dansk Design Center

Die populärsten Museen Kopenhagens liegen außerhalb der Stadt. Wollen Sie die beiden Attraktionen in Sachen moderner Kunst, Louisiana im Norden und Arken im Süden besuchen, müssen Sie in den Zug steigen. Dennoch: Ein Ausflug lohnt auf jeden Fall. Die großen Staatlichen Museen in Kopenhagen wie das Nationalmuseet, das Statens Museum for Kunst, das Tøjhusmuseet und das Orlogsmuseet lassen sich auf die Sammlungen der Königlichen Kunstkammer des 17. Jhs. zurückführen. Andere Museen sind auf der Grundlage von Schenkungen privater Sammler entstanden. Dazu gehören Den Hirschsprungske Samling, die Ny Carlsberg Glyptotek und das Thorvaldsens Museum. Ob staatlich oder privat, eines haben alle Museen gemeinsam: Sie langweilen nicht. Die Vermittlung von bildender Kunst ist in Dänemark eine der Hauptaufgaben der Museen.

Arbejdermuseet [110 B1]

In diesem kleinen Museum wird die Geschichte der dänischen Arbeiterbewegung seit 1850 dokumentiert. Eindrucksvoll sind die originalgetreu eingerichteten Arbeiterwohnungen aus den 1930er- und 1950er-Jahren

Antike Skulpturen: das Herzstück der Ny Carlsberg Glyptotek

und eine Schankwirtschaft aus dem Jahr 1892. *Nov.–Juni Di–So 10–16 Uhr, Juli–Okt. tgl. 10–16 Uhr, Eintritt 50 dkr, Rømersgade 22, www.arbejdermuseet.dk, Metro Nørreport, Bus 14, 42, 43, 184, 185, 150S, 350S Nørreport*

Arken – Museum for Moderne Kunst [112 B6]

★ Wie ein gigantischer Schiffsrumpf liegt der Betonbau in den Dünen von Ishøj, südlich von Kopenhagen. Der Architekt Søren Robert Lund hat 1996 wahrhaftig eine Arche der Kunst stranden lassen. Im Inneren orientiert sich der Besucher an einer 150 m langen Kunstachse, die ihn in verschiedene Ausstellungsräume und Galerien führt. Die Sammlung umfasst vorwiegend moderne und zeitgenössische Kunst dänischer und nordischer Bildhauer, Maler, Fotografen und Videokünstler. Einladend ist das Museumscafé mit Blick auf

Insider Tipp

41

MUSEEN

Dänische Malerei zum Kennenlernen: Den Hirschsprungske Samling

Dünen und Meer. *Di, Do–So 10 bis 17, Mi 10–21 Uhr, Eintritt ca. 60 dkr, Skovvej 100, Ishøj, www.arken.dk, S-Bahn Ishøj, weiter zu Fuß oder Bus 128 Skovvej/Arken*

Dansk Design Center [110 B3]
Das Design-Center ist Treffpunkt dänischer und internationaler Designer, die hier ihre Ideen über Formen und Gestaltung austauschen. Neugierige Laien erfahren in wechselnden Ausstellungen etwas über die dänische Designgeschichte. *Mo–Di, Do–Fr 10–17, Mi 10–21, Sa und So 10–16 Uhr, Eintritt 40 dkr, H. C. Andersen Boulevard 27, www.ddc.dk, S-Bahn und Regionalbahn Hauptbahnhof, Bus 10, 15, 26, 29, 40 Hauptbahnhof*

Dansk Jødisk Museum (Dänisch-Jüdisches Museum) [110 C4]
★ Im Oktober 1943 retteten die Kopenhagener etwa 7200 Juden vor der Deportation in deutsche Konzentrationslager. Den Juden gelang die Flucht über den Øresund ins sichere Schweden. Die Geschichte dieser Rettungsaktion, die Kultur und Kunst der in Dänemark lebenden Juden zeigt das Dänisch-Jüdische Museum. Inneneinrichtung und Ausstellungskonzept im Galejhus, einem ehemaligen Bootshaus auf Slotsholmen, stammen vom Stararchitekten Daniel Libeskind, der auch das Jüdische Museum in Berlin entworfen hat. Libeskind führt den Besucher durch ein Labyrinth schiefer Wände und schräg verlaufender Gänge vorbei an 3000 Exponaten, die aus Privatbesitz stammen oder von den jüdischen Gemeinden Dänemarks zur Verfügung gestellt wurden. *Sept. bis Mai Di–Fr 13–16, Sa und So 12–17 Uhr, Juni–Aug. Di–So 10–17 Uhr, Eintritt 40 dkr, Christians Brygge/Proviantpassagen, www.jemus.dk, Bus 48 Det Kongelige Bibliothek*

MUSEEN

Experimentarium [113 D5]
Der Name verrät es: Hier können Groß und Klein in Sachen Naturwissenschaft experimentieren. In der 4000 m² großen Halle gibt es 300 Möglichkeiten für Selbstversuche: Kontinente verschieben, Erdbeben fühlen, Wetterkarten basteln, der Wahrheit mittels Lügendetektor auf die Spur kommen. Im Experimentarium heißt es nicht nur schauen und staunen, sondern vor allem anfassen, mitmachen und ausprobieren – und das stundenlang, ohne dass Langeweile aufkommt. *Mo, Mi–Fr 9.30 bis 17, Di 9.30–21, Sa und So 11–17 Uhr, Eintritt 115 dkr, Tuborg Havnevej 7, Hellerup, www.experimentarium.dk, S-Bahn Svanemøllen, Bus 14, 21 Svannemøllen Station*

**Frihedsmuseet
(Freiheitsmuseum)** [107 F5]
Alles über den aktiven und passiven Widerstand des dänischen Volkes während der deutschen Besatzungszeit, die Sabotageakte einzelner Gruppen und die Fluchthilfe für Juden nach Schweden. Der Fundus des Museums umfasst Schriftstücke, Flugblätter, Fotos, Uniformen, Waffen, illegal gebaute Radiosender und Druckerpressen der Widerstandskämpfer. *Mai–Sept. Di–Sa 10–16, So 10–17 Uhr, Okt.–April Di–Sa 10–15, So 10–16 Uhr, Eintritt 40 dkr, Churchillparken, www.frihedsmuseet.dk, S-Bahn Østerport, Bus 15, 19, 26, 29, 1A Østerport*

**Den Hirschsprungske
Samling** [106 C5]
★ Heinrich Hirschsprung (1836 bis 1908) wurde mit Rauchwaren reich. Und der Tabakfabrikant investierte in Kunst. Gemeinsam mit seiner Frau Pauline sammelte er zeit seines Lebens Bilder und gründete schließlich die Sammlung, die er 1902 dem dänischen Staat schenkte. Und was für ein Geschenk! Hier hängt alles, was in der dänischen Malerei des 19. und frühen 20. Jhs. Rang und Namen hat: C. W. Eckersberg, Christen Købke, Kristian Zahrtmann, Vilhelm Ham-

---

MARCO POLO Highlights
»Museen«

★ **Dansk Jødisk Museum**
Die Geschichte der Juden in Dänemark (Seite 42)

★ **Ny Carlsberg Glyptotek**
Antike Skulpturen und Kunstpause unter Palmen (Seite 46)

★ **Louisiana Museum for Moderne Kunst**
Moderne Kunst in herrlicher Landschaft (Seite 44)

★ **Den Hirschsprungske Samling**
Dänische Malerei von Rang und Namen: die gesammelten Schätze eines Tabakfabrikanten (Seite 43)

★ **Arken – Museum for Moderne Kunst**
Zeitgenössische Kunst mit Blick auf Dünen und Meer (Seite 41)

MUSEEN

mershøj, Johan Thomas Lundbye, die Skagener Maler Anna und Michael Ancher sowie Peter Søren Krøyer. *Mo, Mi–So 11–16 Uhr, Eintritt 35 dkr, Stockholmsgade 20, www.hirschsprung.dk, S-Bahn Østerport, Bus 15, 19, 26, 29, 1A Østerport*

Karen Blixen Museet [112 C3]

Hier steht die Corona, die Schreibmaschine, auf der Karen »Tanja« Blixen (1885–1962) Bücher wie »Sieben phantastische Erzählungen«, »Babettes Fest« oder »Afrika, dunkle lockende Welt« schrieb. Und hier wird auch das Grammophon aufbewahrt, das sie während ihres Aufenthaltes in Afrika (1914–31) von ihrem Liebhaber Denys Finch Hatton geschenkt bekam. Spätestens seit dem Kinoerfolg »Jenseits von Afrika« – der Film erzählt von Karen Blixens Jahren als Kaffeefarmerin in Afrika – lockt das Museum in ihrem ehemaligen Wohnhaus zahlreiche Fans. Fotos und Briefe, insbesondere das *Insider Tipp* Arbeitszimmer geben einen Einblick in das Leben der dänischen Schriftstellerin. *Mai–Sept. Di–So 10–17 Uhr, Okt.–April Mi–Fr 13–16, Sa und So 11–16 Uhr, Eintritt 40 dkr, Rungsted Strandvej 111, www.karen-blixen.dk, S-Bahn Rungsted Kyst, Bus 388 Strandvej/Karen Blixen Museet*

Københavns Bymuseum (Stadtmuseum) [109 E4]

Wie sah Kopenhagen im Mittelalter aus? Welcher König, welcher Baumeister hat das Gesicht der Stadt geprägt? Wie hat sich das Leben der Kopenhagener seit dem Mittelalter verändert? Im Stadtmuseum gibt es zahlreiche Antworten auf Fragen zur Stadtgeschichte. Stadtmodelle und -pläne zeugen vom Wachstum der Stadt. Der historische Straßenzug vor dem Museum mit Kopfsteinpflaster, Parkbänken (1885), Trambahnhaltestelle (1904) und Telefonhäuschen (1935) versetzt den Besucher in das Kopenhagen von Anno dazumal. *Do–Mo 10–16, Mi 10–21 Uhr, Eintritt 20 dkr, Vesterbrogade 59, www.bymuseum.dk, Bus 26, Vesterbro Torv*

Kunstindustrimuseet (Kunstgewerbemuseum) [111 E1]

Die Sammlung umfasst Kunsthandwerk aus Europa und anderen Kontinenten vom Mittelalter bis zur Gegenwart. Mancher Besucher wird in der Menge der Exponate auch schnell den Überblick verlieren. Dennoch: Wer gezielt sucht und mehr wissen möchte, z. B. über die Entwicklung des Designs in Europa, wird hier bestimmt fündig. *Di–Fr 12–16, Sa und So 12–16 Uhr, Eintritt 40 dkr, Bredgade 68, www.kunstindustrimuseet.dk, Metro Kongens Nytorv, Bus 15, 19, 26 350S Kongens Nytorv*

Louisiana Museum for Moderne Kunst [112 C2]

★ ☼ Louisiana ist ein geniales Zusammenspiel von Kunst und Natur. Es ist die Kulisse des Øresund mit Blick auf die schwedische Küste, die Louisiana so einzigartig macht. Wie zufällig stehen hier Skulpturen von Henry Moore in einer wunderbaren Parklandschaft. Raffiniert haben die Architekten in den Ausstellungsräumen das Zusammenspiel von Licht und Aussicht genutzt, um die Grenzen zwischen Drinnen und Draußen aufzuheben. In dieser Atmosphäre von Weite wird der Ausflug ins Museum zu einem Spaziergang durch

MUSEEN

Spaziergang durch die moderne Kunst: Das Louisiana liegt im Grünen

die moderne Kunst nach dem Zweiten Weltkrieg. In der ständigen Sammlung sind Künstler wie Victor Vasarely, Alberto Giacometti, Andy Warhol, Anselm Kiefer, Pablo Picasso, Roy Lichtenstein, Jim Dine, Joseph Beuys und Claes Oldenburg vertreten. Außerdem mehrere wechselnde Ausstellungen pro Jahr. *Do–Di 10–17, Mi 10–22 Uhr, Eintritt 76 dkr, Gammel Strandvej 13, Humlebæk, www.louisiana.dk, Regionalzug nach Helsingør bis Humlebæk, Louisiana Ticket (Rückfahrkarte ab Hauptbahnhof inkl. Eintritt) 141 dkr*

Nationalmuseet [110 B3]
Seit 1807 werden hier dänische Kulturgüter verwahrt und präsentiert. Zur Orientierung in diesem Labyrinth der Geschichte erhält der Besucher einen Lageplan mit den verschiedenen Abteilungen: Dänemarks Vor- und Frühgeschichte mit Funden bis zur Wikingerzeit, das Mittelalter bis zur Renaissance sowie Dänemarks neuere Geschichte (1660–2000) mit einer Abteilung zum täglichen Leben bei Adel, Bürgern, Handwerkern und Bauern, das anhand von Trachten, Möbeln und Silber gezeigt wird.

Im königlichen Münz- und Medaillenkabinett lagern Geldstücke der Wikinger über die Antike bis zur Neuzeit und dänische Goldmedaillen von 1550–2000. Einer Weltreise gleicht der Besuch der 1845 eingerichteten völkerkundlichen Abteilung. Sie ist die erste Sammlung im Nationalmuseum mit Exponaten der grönländischen, afrikanischen, polynesischen und asiatischen Kultur.

Wie in vielen dänischen Museen wird im Nationalmuseum an die kleinen Besucher gedacht: Das Børnemuseum ist ein Spielplatz der Geschichte. Hier dürfen Kinder historische Gegenstände nicht nur anfassen, sie dürfen sogar mit ihnen spielen. *Di–So 10–17 Uhr, Eintritt 50 dkr, Ny Vestergade 10, www.*

MUSEEN

Strandleben in der Stadt

Kopenhagens schöne Badeküste ist mit S-Bahn und Zug schnell zu erreichen

Eben noch mitten in der City, 20 Minuten später liegen Sie im feinsten Sand. Der *Brøndby Strandpark (S-Bahn Linie A, E, bis Brøndby Strand)* ist ein weißer Sandstrand, der mit der blauen Flagge für gute Wasserqualität ausgezeichnet ist. Im Sommer ist er bewacht. Der *Ishøj Strand (S-Bahn Linie A, E bis Ishøj, weiter mit dem Bus 128 bis Ishøj Strand)* zieht sich 7 km weit in die Køge-Bucht. Mit seinen Dünen und dem feinen Sand zählt er zu den schönsten Stränden Dänemarks. Im Norden der Stadt liegt der 800 m lange *Bellevue Strandpark (Strandvejen 340, Klampenborg, Regionalzug Richtung Helsingør bis Klampenborg).*

natmus.dk, Bus 10, 12, 15, 26, 47, 48, 250S Hauptbahnhof

Ny Carlsberg Glyptotek [110 B4]

★ Rühmen kann sich dieses Museum mit einer Etruskersammlung, wie es sie sonst nur noch in Italien gibt. Ägyptische, griechische und römische Skulpturen aus der Zeit 3000 v. Chr. bis 500 n. Chr. sind das Herzstück der Abteilung Altertum. In der neueren Abteilung werden Skulpturen und Gemälde dänischer wie französischer Künstler präsentiert. Die Glyptothek verfügt über die größte Sammlung von Arbeiten Auguste Rodins außerhalb Frankreichs, sämtliche Bronzen von Edgar Degas und Bilder von Edouard Manet, Claude Monet, Paul Gauguin und Paul Cézanne.

Zu verdanken hat Kopenhagen diese Sammlung sowie das Museum dem Bierbrauer Carl Jacobsen und seiner Frau Ottilia. Die Kunstliebhaber beauftragten 1892 den Architekten Vilhelm Dahlerup, ein Gebäude für ihre Skulpturensammlung – eine Glyptothek – zu bauen. Finanziert wurde und wird das Kunstmuseum noch heute von dem Ny Carlsbergfond, einer Stiftung, die über einen Teil der Gewinne der Carlsbergbrauerei verfügt.

Wenige Jahre nach der Eröffnung wurde der Bau von dem Architekten Hack Kampmann erweitert. Verbunden sind der alte und der neue Trakt durch einen imposanten Glasdom. Unter der Kuppel können sich Besucher inmitten von Palmen, subtropischem Grün und einem plätschernden Brunnen eine Pause gönnen. *Di–So 10–16 Uhr, Eintritt 20 dkr, Mi und So frei, Dantes Plads 7, www.glyptoteket.dk, Bus 10, 15, 26, 30, 40, 47, 48, 250S Hauptbahnhof*

Statens Museum for Kunst [106 C5–6]

Die ersten Bilder der größten Kunstsammlung Dänemarks stammen aus der königlichen Kunstkammer. Als 1884 Schloss Christiansborg brannte, wurde auch die Königliche Gemäldesammlung obdachlos. Der Architekt Vilhelm Dahlerup, der zur gleichen Zeit die Carlsberg-Glypto-

MUSEEN

thek plante, gab der Sammlung 1896 ein neues Zuhause. 1998 bekam das Gebäude einen modernen Anbau. Die Kopenhagener stritten heftig darüber, ob Alt und Neu zusammen passen würden. Nach wie vor halten viele den Bau für missglückt, für die Kunst jedoch hat diese großzügige Lösung neue Räume geschaffen.

Und in denen sind vor allem Werke dänischer Künstler zu sehen: Zwischen 1816 und 1858 entstandene Gemälde von C. W. Eckersberg, Christian Købke, Constantin Hansen und Wilhelm Bendz, von den Skagenmalern Anna und Michael Ancher sowie der Bornholmer Schule mit Kristian Zahrtmann, Karl Isakson und Oluf Høst. Im Altbau hängen überwiegend Werke aus Frankreich, Italien und den Niederlanden, darunter Bilder von so berühmten Künstlern wie Brueghel, Rubens, Rembrand, Tizian und Matisse. *Di, Do–So 10–17, Mi 10–20 Uhr, Eintritt 50 dkr, Sølvgade 48–50, www.sml.dk, S-Bahn Østerport, Metro Nørreport, Bus 6A, 14, 42, 43 184, 185, 150S Nørreport Station*

Thorvaldsens Museum [110 C3]
Der Bildhauer Bertel Thorvaldsen (1770–1844) verbrachte die längste Zeit seines Schaffens in Rom. Hier studierte er die antiken Skulpturen, die zu seiner wichtigsten Inspirationsquelle wurden. Sieben Jahre vor seinem Tod kehrte er nach Kopenhagen zurück, wo man ihn zum Ehrenbürger ernannte. Thorvaldsen vermachte der Stadt Kopenhagen nicht nur seine Kunstsammlung, sondern sein gesamtes Vermögen – mit dem Wunsch, man möge für seine Werke ein Museum bauen. Frederik VI. spendete das Baugrundstück auf Slotsholmen, wo sich einst der Wagenhof des Königs befunden hatte. 1848 wurde Dänemarks erstes Kunstmuseum mit Werken Thorvaldsens und aus dessen Kunstsammlung eröffnet.

Zu sehen sind zahlreiche Skulpturen – Originale, Repliken und Entwürfe. Im Innenhof liegt das Grab des bekanntesten dänischen Bildhauers. *Di–So 10–17 Uhr, Eintritt 20 dkr, Bertel Thorvaldsen Plads 2, www.thorvaldsensmuseum.dk, Bus 15, 26, 29, 650S Christiansborg*

Thorvaldsens Museum: Prachtbau auf der Schlossinsel

ESSEN & TRINKEN

Pølser und Sterneküche

Kopenhagen bietet kulinarisch alles – von der Würstchenbude bis zum Gourmetrestaurant

Zwei Dinge sollten Sie bei einem Restaurantbesuch beherzigen. Erstens: Vergessen Sie alle Schauergeschichten, die Sie über die dänische Küche gehört haben. Und zweitens: Lesen Sie die Speisekarte nicht von rechts nach links. Ein erster Blick auf die Preisspalte könnte die sparsame Bestellung einer Vorspeise oder Suppe zur Folge haben. Und das wäre schade. Kopenhagen hat inzwischen kulinarisch alles zu bieten: vom *pølsevogn*, der fahrbaren Würstchenbude für den schnellen Hunger, über unzählige Cafés und Lokale mit deftig dänischer Küche bis zu Gourmetrestaurants.

Achtung: *middag* heißt Abendessen, während *frokost* eine Zwischenmahlzeit zur Mittagszeit bedeutet, z. B. *smørrebrød* oder Salat. Die klassischen Frokost- und Smørrebrødrestaurants haben nur um die Mittagszeit geöffnet. Abends bitten die Kopenhagener Köche recht früh (19 Uhr) zu Tisch. Nach 22 Uhr bleiben die meisten Küchen kalt. Zahlen Sie mit der Kreditkarte, müssen Sie in einigen Restaurants mit einem Aufschlag rechnen.

Gemütlich: im urigen Keller von Det lille Apotek

Øl vom Fass passt zu jedem Essen

CAFÉS

Café Europa [110 C2]
Beliebtes Straßencafé im Trubel des Amagertorv. Im Winter wird's eng, da meist mehr Gäste als Stühle vorhanden sind. *Kein Ruhetag, Amagertorv 1, Metro Kongens Nytorv, Bus 15, 19, 26, 350S Kongens Nytorv*

Café Norden [110 C2]
Zweistöckiges Kaffeehaus hinter Jugendstilfassade. Im Erdgeschoss oft Touristengedränge. Ruhiger ist es im 1. Stock – mit Blick auf das Treiben in der Strøget. Selbstbedienung. *Kein Ruhetag, Østergade 61, Metro Kongens Nytorv, Bus 15, 19, 26, 350S Kongens Nytorv*

Props Coffee Shop [106 A6] *Insider Tipp*
Typisch für Nørrebro: Hier mischt sich alles auf engstem Raum – Ge-

49

CAFÉS

Era Ora: schmackhafte italienische Küche in dramatischem Ambiente

nerationen, Religionen, Sprachen und Hautfarben. Gegessen und getrunken wird an Trödlermobiliar aufgelöster Esszimmer und Küchen. *Kein Ruhetag, Blågårdsgade 5, Bus 350S Elmegade*

Pussy Galor's Flying Circus [106 A5]
🏃 Schwarze Arne-Jacobsen-Stühle und Buchenholztische inmitten kahler Wände vermitteln den Charme eines Möbelhausrestaurants. Die coole Stimmung mit Kerzenschein lockt vor allem junge Leute. Im Sommer *der* Szenetreff auf dem Skt. Hans Torv. *Kein Ruhetag, Skt. Hans Torv, Bus 350S St. Hans Torv*

Royal Copenhagen [110 C2]
★ Gediegene Konditorei im 2. Stock des Porzellanladens Royal Copenhagen. Hier behält die Kopenhagenerin ihren Hut auf. Buffet mit köstlichem Gebäck. Kaffee und süße Köstlichkeiten werden auf königlichem Gedeck serviert. *Während der Ladenöffnungszeiten, Amagertorv 6, Metro Kongens Nytorv, Bus 15, 19, 26, 350S Kongens Nytorv*

Sebastopol [106 A5]
Von allem etwas: englischer Pub, französisches Bistro, Bar und eine Abteilung »fein« gedeckter Tische (reservieren!). Im Sommer Café mit Pariser Flair. *Kein Ruhetag, Skt. Hans Torv, Bus 350S St. Hans Torv*

Café Sommersko [110 C2]
★ Der Klassiker unter Kopenhagens Bar-Café-Restaurants: Hier können Sie am Tresen einen schnellen Espresso trinken oder in Ruhe die Zeitung lesen. Auf der Galerie gibt es kleine Speisen an gedeckten Tischen. *Kein Ruhetag, Kronprinsensgade 6, Metro Kongens Nytorv, Bus 15, 19, 26, 350S Kongens Nytorv*

ESSEN & TRINKEN

Café Victor [110 C2]
Bereits der Blick durch die bodentiefen Fenster verrät: Hier sind die Tischdecken gestärkt, die Hemden gebügelt. Mittags wird Geschäftliches, abends Zwischenmenschliches verhandelt. Trotzdem: nicht einschüchtern lassen. Interessante Bistroküche. *Kein Ruhetag, Ny Østergade 8, Metro Kongens Nytorv, Bus 15, 19, 26, 350S Kongens Nytorv*

Café Wilder [111 E4]
Eckcafé, nicht schick, sondern eher mit dem Charme des Alltäglichen. Auf dem Tresen zwischen Salz- und Pfefferstreuern steht ein Becher mit Malkreiden für Kinder. Es gibt hausgebackenen Kuchen und Salate. *Kein Ruhetag, Wildersgade 56, Bus 19, 48, 350S Christianshavn St.*

Zoo Bar [110 C2]
🏃 Junges Publikum trifft sich im Zoo. Die Einrichtung ist karg – mit kahlen Wänden und locker im Raum verteilten Plastikstühlen. Die Plätze auf den wenigen Barhockern mit Blick auf die Straße sind meist besetzt. Gegen den kleinen Hunger gibt es Burger und Sandwiches. *Kein Ruhetag, Kronprinsensgade 6, Metro Kongens Nytorv, Bus 15, 19, 26, 350S Kongens Nytorv*

RESTAURANTS €€€

L'Alsace [110 C2]
Der Name verrät es: Hier gibt es Köstlichkeiten aus dem Elsass. Mitten in der Stadt sitzen Sie in einem gemütlichen Innenhof – im Sommer draußen bei Kerzenschein. Der Koch versteht sich besonders auf Fischgerichte. *So geschl., Ny Østergade 9, Tel. 33 14 57 43, Metro Kongens Nytorv, Bus 15, 19, 26, 350S Kongens Nytorv*

Era Ora [111 D4]
★ Angeblich der beste Italiener Kopenhagens. Küchenchef Fabbio Mazzon hat sich mit seiner Kochkunst bereits einen Michelin-Stern ergattert. Sein Weinkeller ist wahrlich vom Feinsten. Klar, dass das alles seinen Preis hat. *So geschl., Overgaden neden Vandet 33, Tel. 32 96 02 09, Bus 19, 48, 350S Christianshavn St.*

MARCO POLO Highlights
»Essen & Trinken«

★ **Café Sommersko**
Kopenhagens Caféklassiker (Seite 50)

★ **The Paul**
Kochkunst zwischen Karussells (Seite 53)

★ **Royal Copenhagen**
Kaffee und Kuchen von feinstem Porzellan (Seite 50)

★ **Ida Davidsen**
Smørrebrød, smørrebrød ... (Seite 54)

★ **Spiseloppen**
Feine Küche im Freistaat Christiania (Seite 55)

★ **Era Ora**
Italiener mit einem Stern (Seite 51)

Die Gourmettempel von Kopenhagen

Kommandanten [111 D2]
Das einzige Restaurant in Kopenhagen mit zwei Sternen. Auch das Ambiente hat Sterne verdient: elegant und doch entspannt. Serviert wird à la carte eine Mixtur aus feiner italienischer und französischer Küche. Die Hauptgerichte beginnen bei 40 Euro. *So geschl., Ny Adelgade, Tel. 33 12 09 90, www.kommandanten.dk, Metro Kongens Nytorv, Bus 15, 19, 26, 350S Kongens Nytorv*

Kong Hans Kælder [110 C2]
Bereits der Blick in den Gewölbekeller, wo König Hans im 15. Jh. seinen Wein lagerte, macht Appetit. Zwischen den Menükarten »Tradition« und »Innovation« gibt es preislich kaum einen Unterschied. Ein Menü kostet 95–110 Euro. *So (im Sommer auch Mo) geschl., Vingårdstræde 6, Tel. 33 11 68 68, www.konghans.dk, Metro Kongens Nytorv, Bus 15, 19, 26, 350S Kongens Nytorv*

Krogs Fiskerestaurant [110 C3]
Kopenhagens erste Adresse für Fischliebhaber. Und die Lage ist ebenso exzellent: am Gammel Strand, wo einst die Fischhändler ihre Stände hatten. Wenn die gewusst hätten, dass ein Fisch des Tages bei Krog auf dem Teller gut und gerne einmal über 40 Euro kosten würde! Zur Mittagszeit gibt es auch mal einen Hering für unter 15 Euro. *So geschl., Gammel Strand 38, Tel. 33 15 89 15, www.krogs.dk, Bus 15, 26, 29, 1A, 2A, 650S Christiansborg*

Sult [110 C1]
Das Restaurant liegt im Erdgeschoss des dänischen Filminstituts, und die Kulisse ist wirklich filmreif: ein extra cooler Saal mit bodentiefen Fenstern und schwarzweißem Mobiliar. Sult heißt schlicht Hunger, und der kann hier mit verschiedenen Menüs gestillt werden, wobei die Anzahl der Gänge vom Gast festgelegt wird. Zwei Gänge kosten 35 Euro, drei 40 Euro, und für den großen Appetit können Sie sechs Gänge für 60 Euro ordern. *Mo geschl., Vognmagergade 8b, Tel. 33 74 34 17, www.sult.dk, Metro Kongens Nytorv, Bus 15, 19, 26 350S Kongens Nytorv*

Formel B [109 D4]
Das Szenerestaurant in Vesterbro. Die Küche im Formel B lässt sich keiner Nationalität zuordnen. Hier wird mit aufregenden Mixturen experimentiert. Wie wäre es zum Beispiel mit Variationen von der Taube und Käse mit Kressegelee? Das Menü wechselt alle zwei Wochen. *So geschl., Vesterbrogade 182, Tel. 33 25 10 66, www.formel-b.dk, Bus 26 Platanvej*

Langelinie Pavillon [107 F5]
Der Chef versteht es, Fleisch und Fisch mit Knoblauch und den Kräutern seiner provenzalischen Heimat köstlich zu verfeinern. *Kein Ruhetag, Langelinie, Tel. 33 12 12 14, Bus 15, 19, 26, 29, 1A Østerport*

ESSEN & TRINKEN

The Paul [110 A4]

★ Ausgerechnet im Tivoli, wo man eher mit schlichter, schneller Jahrmarktsküche rechnet, kocht ein Meister seines Fachs. Das hat sich in Kopenhagen herumgesprochen. The Paul ist absolut angesagt. Die Karte lockt zwar nur mit einem Menü, dies aber hat es in sich: viele kleine Gerichte, die immer wieder überraschen. *Kein Ruhetag, Tivoli, Tel. 33 75 07 77, www.thepaul.dk, Bus 10, 15, 26, 30, 40, 47, 48, 250S, 650S Hauptbahnhof*

Riz Raz [110 B3]

Verlockend ist das mediterrane Buffet mit zahlreichen Salaten, Käse, Oliven, Gemüse und verschiedenen Brotsorten. Wer größeren Hunger hat, nimmt dazu Fisch aus dem Mittelmeer, Lammbraten oder Hühnchen, alles köstlich gewürzt. Im Sommer werden Tische und Stühle in der Fußgängerzone aufgestellt. *Kein Ruhetag, Kompagniestræde 20, Tel. 33 15 05 75, Bus 15, 26, 29, 1A, 2A, 650S Christiansborg*

Søren K [110 C4] *Insider Tipp*

❧ Das K steht für Kirkegaard. Hier gibt es vorwiegend dänische Küche, doch wird so weit wie möglich auf Sahne, Öl und Butter verzichtet. Die kalorienärmeren Gerichte werden im Schwarzen Diamanten, dem Erweiterungsbau der Königlichen Bibliothek, serviert. Herrlicher Blick aufs Wasser. *Kein Ruhetag, Søren Kirkegaards Plads 1, Tel. 33 47 49 49, Bus 12, 33, 40, 47, 48, 250S, Det Kgl. Bibliothek*

RESTAURANTS €€

Cafeen i Nikolaj [110 C2] *Insider Tipp*

Frische *frokost*-Teller, serviert im Seitenschiff der Nikolaj Kirke. Die Atmosphäre ist ruhig und entspannt, die Bedienung unaufdringlich. Angeboten werden viele Salate, Lachsvariationen, Suppen und Süßes.

In Krogs Fiskerestaurant gibt's frischen Fisch – den besten der Stadt

53

RESTAURANTS €€

Kreative Schnittchen: Ida Davidsen serviert smørrebrød auf 150 Arten

Lecker ist die hausgemachte *røde grøde* (rote Grütze). Sie können sich auch ein Menü zusammenstellen. *Mo–Sa 11.30–17 Uhr, Nikolaj Plads 12, Tel. 70 26 64 64, Metro Kongens Nytorv, Bus 15, 19, 26, 350S Kongens Nytorv*

Det lille Apotek   [110 B2]

Angeblich das älteste Restaurant, mit Sicherheit eines der urigsten von Kopenhagen. Wenn Sie im Souterrain sitzen, umgeben von alten Büchern und so mancher Antiquität, werden Sie es vielleicht glauben, dass hier seit 1720 traditionell dänisch gekocht wird. Mittags gibt es einen *frokost*-Teller zum Sattwerden, abends dänische Gerichte, natürlich auch Schweinebraten mit Kruste. *Kein Ruhetag, Store Kannikestræde 15, Tel. 33 12 56 06, Bus 14, 42, 43, 184, 185, 150S, 350S Nørreport*

Egoisten   [111 D2]

Restaurant im französischen Bistrostil. Die Atmosphäre ist tagsüber lässig, abends fein. Auf der Speisekarte Französisches, Italienisches und gelegentlich Dänisches. *Kein Ruhetag, Hovedvagtsgade 2, Tel. 33 12 79 71, Metro Kongens Nytorv, Bus 15, 19, 26 350S Kongens Nytorv*

Fyrskibet   [111 D2]

Auf dem Feuerschiff können Sie das Treiben im Nyhavn von der Wasserseite aus verfolgen, dazu wird auf Deck *frokost* serviert. Spezialität an Bord ist *smørrebrød* mit einem *øl*. Gelegentlich schaukelt es ein wenig. *Kein Ruhetag, Nyhavn Kaiplads 151, Tel. 33 11 19 33, Metro Kongens Nytorv, Bus 15, 19, 26 350S Kongens Nytorv*

Gråbrødre Torv   [110 B2] *Insi Tip*

Auf dem Platz *Der grauen Brüder* eines der Restaurants mit langer Tradition in klassischer dänischer Küche. Im Sommer wird auch draußen serviert. *Kein Ruhetag, Gråbrødretorv 21, Tel. 33 11 47 07, Bus 14, 42, 43, 184, 185, 150S, 350S Nørreport*

Ida Davidsen   [111 D1]

★ Kopenhagens populärstes *frokost*-Restaurant. An den Wänden hängen noch die langen Bestellzettel von einst, mit 170 *smørrebrød*-Variationen. Ganz so lang ist die Speisekarte heute nicht mehr, doch Ida Davidsen bringt es immerhin auf 150 verschiedene Kreationen *smørrebrød*. Am Buffet hat man die Qual der Wahl. Wer sich nicht entscheiden kann, dem wird geholfen: Ida spricht ein wenig Deutsch.

Essen & Trinken

Mo–Fr 10–17 Uhr (Küche 15.30 bis 16 Uhr geschl.), Store Kongensgade 70, Tel. 33 91 36 55, Metro Kongens Nytorv, Bus 15, 19, 26, 350S Kongens Nytorv

Peder Oxe [110 B2]

Frokost- und Abendrestaurant mit deftigen Gerichten und Salatbuffet. Seit Jahren steht auf der Speisekarte der Oxeburger, ein Hacksteak mit Backkartoffel. Auf den Tischen stehen Rotweinflaschen, doch keine Sorge, Sie zahlen nur das, was Sie trinken. Wer eine kleine Verdauungshilfe braucht: Im Gewölbe des ehemaligen Klosters der Grauen Brüder gibt es Hochprozentiges. *Kein Ruhetag, Gråbrødretorv 11, Tel. 33 11 00 77, Bus 14, 42, 43, 184, 185, 150S, 350S Nørreport*

**Slotskælderen
hos Gitte Kik** [110 C3]

Bei Gitte Kik, gegenüber von Slotsholm, kommen mittags die Krawattenmänner aus den Regierungsbüros und sättigen sich mit schmackhaftem *smørrebrød*. *Di–Sa 11–15 Uhr, Fortunstræde 4, Tel. 33 11 15 37, Bus 15, 26, 29, 1A, 2A, 650S Christiansborg*

Spiseloppen [111 F4]

★ Kaum zu glauben, aber wahr: Im Freistaat Christiania gibt es ein Spitzenrestaurant. Spiseloppen ist ein weiß getünchter Speisesaal mit offener Küche. Was serviert wird, ist im guten Sinne international. Die Karte wechselt häufig, Fisch, Fleisch und ein vegetarisches Gericht sind immer im Angebot. Das Preis-Leistungs-Verhältnis im Spiseloppen ist mehr als in Ordnung. *Mo geschl., Christiania, Loppebygningen, Tel. 32 57 95 58, Bus 48 Prinsessegade*

Told & Snaps [111 E2]

Im Kellerrestaurant am Kongens Nytorv gibt es all das, was auf ein typisch dänisches *smørrebrød* gehört – im Told & Snaps ist das vor allem

Smørrebrød und wienerbrød

Zwei ganz besondere Brote

Der Kopenhagener ist in Kopenhagen ebenso wenig bekannt wie das *wienerbrød* in Wien. Dennoch sollen Bäcker aus Wien, die 1840 nach Dänemark einwanderten, dieses köstliche Kuchenrezept mitgebracht haben: Hefeteig, der schichtweise mit Butter ausgerollt und mit Vanille- oder Schokocreme gefüllt wird. Zum Schluss wird das Gebäck mit Mandelsplittern verziert und mit einer Zuckerglasur überzogen. Viel mehr als ein Butterbrot ist das *smørrebrød*, das erstmals um 1900 serviert wurde. Roggenbrot und Butter sind zwar die Basis, doch auf den Belag kommt es an: Krabben, Kaviar, geräucherter Lachs, marinierter Hering, Aal mit Rührei, Schweinebraten mit Rotkohl, Leberpastete mit Gurken. Und reichlich muss es sein, denn für ein gutes *smørrebrød* gilt die Regel: Die Brotscheibe darf nicht zu sehen sein.

Spezialitäten in Kopenhagen

Lassen Sie sich diese Köstlichkeiten gut schmecken!

Speisen

Æbleflæsk – in Fett gebratene Äpfel mit Schinkenspeckstückchen

Æggekage – Eierkuchen, frisch aus der Pfanne, ohne Beilage

Anretning – zehn Gänge warmer und kalter Speisen. Schnaps als Verdauungshilfe gehört dazu

Dansk bøf – gebratene Frikadellen mit Zwiebeln und Roter Bete

Flæskesteg – Schweinebraten, der fett sein darf. Knusprige Kruste ist Pflicht

Fyldt rødspætte – gebratene Scholle, gefüllt mit Krabben und Spargelspitzen

Gåsebryst – Blätterteiggebäck mit Pflaumenmus und reichlich Sahne, überzogen mit Marzipan

Gule ærter – Erbsensuppe aus getrockneten Erbsen

Kanalstang – bis zu einem halben Meter langer Blätterteigstrang mit Marzipan, Schokocreme, Mandelsplittern und Zimt

Øllebrød – Brotsuppe aus alkoholfreiem Bier und Zucker

Pølser – Würstchen an der fahrbaren Bude: erhitzt oder gebraten, als Hotdog mit Senf, Ketchup, Mayonnaise, Gurken und gerösteten Zwiebeln

Røde grøde med fløde – dickflüssige rote Grütze mit ganzen Beeren, dazu flüssige Sahne, Vanillesauce oder Eis

Smørrebrød – üppig mit Wurst, Käse, Fisch, Krabben oder Leberpastete belegtes Weiß- oder Schwarzbrot

Stegt ål – gebratener Aal

Wienerbrød – mit Marzipan, Butter-Schoko-Creme oder anderen Konditorgeheimnissen gefüllter Kuchen

Getränke

Aquavit – Verdauungshilfe der Dänen. *Aalborger* ist Marke und Synonym zugleich. *Jubi* ist ein Spezialbrand aus der Aalborger Destille

Gammeldansk – dänischer Magenbitter

Kaffe – kommt selten in Tassen, sondern in Thermoskannen auf den Tisch. Sie dürfen trinken, so viel Sie wollen

Øl – dänisches Bier gibt es vom Fass *(fadøl)* oder aus der Flasche *(flaske)*. Nahezu alkoholfrei ist das *letøl*, das Leichtbier

ESSEN & TRINKEN

Fisch. Und da Fisch schwimmen muss, stehen die Schnapsgläser griffbereit. *Mo–Sa 11.30–16 Uhr; Toldbodgade 2, Tel. 33 93 83 85, Metro Kongens Nytorv, Bus 15, 19, 26, 350S Kongens Nytorv*

RESTAURANTS €

Café Pilegården [110 C2]
Hering ist die Spezialität auf dem *frokost*-Buffet, mariniert mit Kräutern, in Curry oder Wacholdersauce. Auch alles andere, was die Brotscheibe eines *smørrebrød* bedecken kann, steht hier auf der Speisekarte. *Kein Ruhetag, Pilestræde 44, Tel. 33 15 48 80, Metro Kongens Nytorv, Bus 15, 19, 26, 350S Kongens Nytorv*

Café Sorgenfri [110 B3]
Bei Sorgenfri essen die Kopenhagener das Nationalgericht der warmen dänischen Küche: *Flæskesteg med rødkol*, gerösteten Schweinebraten mit Rotkraut. Die Kruste ist hier besonders knusprig. *Kein Ruhetag, Brolæggerstræde 8, Tel. 33 11 58 80, Bus 15, 26, 29 Stormbroen*

Den Grønne Kælder [110 C2]
Im grünen Keller spielt Fleisch nicht die Hauptrolle. Mittags werden Salate und fleischfreie *frokost*-Platten serviert, abends warme vegetarische Gerichte, Salat und selbst gebackenes Brot. *Kein Ruhetag, Pilestræde 48, Tel. 33 93 01 40, Metro Kongens Nytorv, Bus 15, 19, 26, 350S Kongens Nytorv*

Indian Corner [106 A5]
Die ganze Palette indischer Gewürze wird hier verarbeitet. Spezialität des Hauses ist Hühnchen Massala. Günstig und sehr beliebt. *Mo geschl., Nørrebrogade 59, Tel. 35 39 28 02, Bus 14, 42, 43, 184, 185, 150S, 350S*

Kanal Caféen [110 B3]
Hier spielt das Ambiente keine Rolle. Das Restaurant ist nicht schick, dafür das *smørrebrød* schmackhaft. Im Kanal Caféen wird es klassisch dänisch belegt. *Mo–Fr 11.30–19, Sa 10.30–16 Uhr; Frederiksholm Kanal 18, Tel. 33 11 57 70, Bus 48 Det Kgl. Bibliothek*

Ristorante Italiano [110 B2]
Der Koch rühmt sich, der erste Pizzabäcker Kopenhagens zu sein. Er serviert Pasta und Pizza zu fairen Preisen. Bei schönem Wetter werden die Tische und Stühle rausgestellt, und am Wochenende gibt es italienische Musik – live. *Kein Ruhetag, Fiolstræde 2, Tel. 33 11 12 95, Bus 6A Universität, Vor Frue Plads*

Shezan [111 D3]
Preiswerte pakistanische Küche. Vorsicht, das Essen im Shezan setzt Zunge und Gaumen in Flammen! Sie können jedes Gericht aber auch weniger scharf bestellen. *Kein Ruhetag, Viktoriagade 22, Tel. 33 24 78 88, Bus 10 Viktoriagade*

Sultan Palace [110 C2]
Türkische *frokost* gibt's zwischen 11 und 16 Uhr vom Buffet mit der Aufforderung, so viel zu essen, wie man kann. Danach ist das »Sattessen« etwas teurer und nennt sich Abendbuffet. Wer es lieber à la carte mag, bekommt hier gute Portionen. Spezialitäten: Lammkotelett und Hühnchenfilet. *Kein Ruhetag, Valkendorffsgade 34, Tel. 33 13 15 13, Bus 14, 42, 43, 184, 185, 150S, 350S Nørreport Station*

EINKAUFEN

Dänisches Design und Antiquitäten

Formschöne Möbel, Lampen und Geschirr, antikes Kristall, Silber und Porzellan – all das können Sie in Kopenhagen besonders gut einkaufen

Shoppen in einer fremden Stadt, in einem anderen Land ist immer auch die Suche und die Hoffnung, etwas zu entdecken, was Sie zu Hause nicht bekommen. Wo gibt es das in Kopenhagen? In der Strøget werden Sie überwiegend auf Bekanntes treffen: Modehäuser mit Massenware und Boutiquen mit internationaler Designermode. Was bleibt, sind die feinen dänischen Adressen in Sachen Silber, Kristall und Porzellan am *Amagertorv*. Sie suchen ein Mitbringsel, und die Meerjungfrau als Schlüsselanhänger oder Flaschenöffner kommt nicht in Frage? Dann finden Sie sicher etwas Stilvolles im Dänischen-Design-Kaufhaus *Illums Bolighus*.

Einen über die Grenzen hinweg ausgezeichneten Ruf hat Kopenhagens Antiquitätenszene. Die Händler der alten Stücke, deren Läden Museen gleichen, haben sich rund um das Palais Amalienborg in der *Bredgade* angesiedelt; andere finden Sie in der *Kompagnistræde* und *Læderstræde*. Trödler, bei denen Sie stöbern und feilschen dürfen, stellen ihre besten Stücke entlang

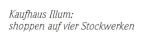

Kaufhaus Illum: shoppen auf vier Stockwerken

Schlicht, aber bunt: dänische Vasen

der *Vesterbrogade* und *Nørrebrogade* vor die Tür. Machen Sie sich auf die Suche: In Kopenhagen haben Sie eine gute Chance, etwas zu finden, was es zu Hause nicht gibt.

ANTIQUITÄTEN

Green Square Antiques [113 D5]
Der größte Antiquitätenladen in Kopenhagen. Auf 10 000 m² Ausstellungsfläche gibt es Möbel, Lampen, Bilder und Silber. Green Square ist spezialisiert auf chinesische Antiquitäten. *Strandlodsvej 11b, Tel. 32 57 59 59, 10 Autominuten von der City, im Norden Amagers, Bus 47 Strandlotsvej*

Ravnsborggade [106 A6]
★ Diese Straße in Norrebrø ist das Mekka der Antiquitätenhändler.

ANTIQUARIATE

Hier reiht sich ein Antikladen an den anderen. Über 30 sollen es sein, die auch am ersten Sonntag im Monat geöffnet haben. Vom Trödel bis hin zur kostbaren Rarität gibt es alles: Kristall, Silber, Porzellan, moderne und alte Möbel. Natürlich auch Sperrmüll – wer es gebrauchen kann. Eine Übersicht der Händler steht im Internet: *www.ravnsborggade.dk, Bus 14, 42, 43, 184, 185, 350S, 350S Nørreport Station*

Royal Kopenhagen Antiques [110 C2]

★ Antikes Silber von Georg Jensen, Glas mit Geschichte aus dem Hause Holmegaard und Geschirr vergangener Zeiten von Royal Copenhagen und Bing & Grøndahl werden im Hinterhaus der Porzellanmanufaktur Royal Scandinavia zum Verkauf ausgestellt. Im Antiquitätengeschäft von Royal Kopenhagen können Sie so manche verführerische und bezahlbare Kleinigkeit erstehen. *Amagertorv 6, Metro Kongens Nytorv, Bus 15, 19, 26, 350S Kongens Nytorv*

ANTIQUARIATE

Insider Tipp Grossell's Antikvariat [110 C3]

Hier steht so mancher Schatz im Regal, aber bitte nicht wühlen! Der Antiquar möchte gefragt werden. *Læderstræde 15, Bus 15, 26, 29, 1A, 2A, 650S Christiansborg*

Insider Tipp Helligåndshuset [110 C2]

Im Gewölbe der Heiliggeistkirche werden internationale Bücher auf holländische Weise verkauft. Der Verkauf geht über mehrere Wochen, und die Bücher werden von Tag zu Tag billiger. *Amagertorv/Strøget, Metro Kongens Nytorv, Bus 15, 19, 26, 350S Kongens Nytorv*

Paludan Bøger – Boghandel [110 B2]

Antiquariat im Keller mit diversen wissenschaftlichen Titeln. Wer Zeit mitbringt, kann im *Paludan Bogcafé* bei einem Kaffee gemütlich schmökern. *Fiolstræde 10, Bus 14, 42, 43, 184, 185, 150S, 350 S Nørreport*

DESIGN

Artium [110 A3]

Auf dem Weg vom oder zum Bahnhof ist das Artium die erste und die letzte Möglichkeit, ein Geschenk aus Kopenhagen zu erwerben. Das skandinavische Design-Center bietet ein Sammelsurium von Erzeugnissen der bekannten dänischen Glasbläser und Silberschmiede. *H. C. Andersen Boulevard/Vesterbrogade, Bus 10, 12, 14, 26, 29, 33, 48, 67, 68, 69, 250S Rådhuspladsen*

Bang & Olufsen [110 C2]

Klare Linien, glatte Fronten, keine Knöpfe: Bei diesen Fernsehgeräten und Hi-Fi-Anlagen weiß man sofort, dass es sich um dänisches Design handelt. Und dies hat seinen Preis. Zum Gucken und Träumen. *Østergade 3–5, Metro Kongens Nytorv, Bus 15, 19, 26, 350S Kongens Nytorv*

Bodum [110 C2]

Küchenfreunde kommen hier auf ihre Kosten. Auf mehreren Stockwerken werden wohlgeformte Haushaltsgeräte angeboten – von der legendären Teekanne bis zur Eieruhr. *Østergade 10, Metro Kongens Nytorv, Bus 15, 19, 26, 350S Kongens Nytorv*

Butik for Borddækning [110 C2] Insider Tipp

Eine Decke auf den Tisch – damit ist es nicht getan. In der *Boutique fürs*

60

EINKAUFEN

Tischdecken gibt es verblüffende Anregungen und die nötigen Accessoires, damit Sie den Tisch passend zum Menü dekorieren können. *Møntergade 6, Bus 14, 42, 43, 184, 185, 350S, 350S Nørreport Station*

Casa Shop [110 C2]
Kleinmöbel, Lampen und Accessoires im dänischen Design. *Store Regnegade 2, Metro Kongens Nytorv, Bus 15, 19, 26, 350S Kongens Nytorv*

House of Amber [112 D2]
★ Ein ganzes Haus voller Bernstein. Im House of Amber gibt es Kostbares aus dem so genannten nordischen Gold: Ketten, Colliers und Ringe, gefasst in Gold oder Silber. In dem kleinen Museum ist neben vielen Steinen mit eingeschlossenen Insekten oder Pflanzen auch der größte Bernstein zu sehen, der je gefunden wurde. Er wiegt 8,8 kg. *Mo–Fr 10–18, Sa 10–12 Uhr, Kongens Nytorv 2, www.houseofamber.com, Metro Kongens Nytorv, Bus 15, 19, 26, 350S Kongens Nytorv*

Illums Bolighus [110 C2]
★ Wer seine Wohnung im dänischen Design einrichten möchte, bekommt hier die nötigen Möbel und Accessoires. Auf mehreren Etagen finden Sie alles vom Briefoffner bis zum Bett. Im Erdgeschoss lässt sich bestimmt ein Souvenir entdecken. *Amagertorv 10, Metro Kongens Nytorv, Bus 15, 19, 26, 350S Kongens Nytorv*

Nyt i bo 105 [107 E6]
Hier sind alle dänischen Designer versammelt. Nyt i bo ist das Möbelgeschäft mit all den Stühlen, Tischen und Regalsystemen made in Danmark. Beinah ein Museum für dänisches Design. *Store Kongensgade 88, Bus 15, 19 Esplanaden*

FLOHMÄRKTE

Infos über die *loppemarkeder* gibt es auf der Homepage des Touristbüros *www.visitcopenhagen.dk*.

Fredriksberg [108 B2–3]
Auf dem Platz hinter dem Rathaus an der Smallegade wird viel Secondhandmode angeboten. *April bis Okt. Sa 8–14 Uhr, Bus 14, 15 Frederiksberg Rådhus*

Gammel Strand [110 C3]
Der feinere Flohmarkt. Hier bauen auch Antiquitätenhändler der Umgebung ihre Stände auf. *Mai–Sept.*

MARCO POLO Highlights »Einkaufen«

★ **Ravnsborggade**
Teures und Trödel an jeder Ecke (Seite 59)

★ **Royal Kopenhagen Antiques**
Antikes Silber und kostbares Glas (Seite 60)

★ **Illums Bolighus**
Dänemarks Designkaufhaus (Seite 61)

★ **House of Amber**
Das nordische Gold in jeder Größe und Preisklasse (Seite 61)

GLAS

Suchen, prüfen, kaufen: Kopenhagener im Flohmarktfieber

Sa 8–17.30 Uhr, Bus 15, 26, 29, 1A, 2A, 650S Christiansborg

Iraels Plads [110 B1]
Typischer Trödelmarkt auf dem Parkplatz hinter den Obst- und Gemüseständen. *Mai–Nov. Sa 8–14 Uhr, Bus 14, 42, 43, 184, 185, 350S, 350S Nørreport Station*

GLAS

Holmegaard [110 C2]
Schalen, Vasen, Kerzenständer und andere Kunstwerke aus Glas füllen bei Holmegaard viele Regalmeter. *Amagertorv 8, Metro Kongens Nytorv, Bus 15, 19, 26, 350S Kongens Nytorv*

Nyhavns Glaspusteri [111 E2]
Hier kann man zuschauen, wie mit wohl dosiertem Atem Glaskunst entsteht. Seriengläser, aber auch Unikate werden geblasen und verkauft. *Toldbodgade 4, www.glasshouse.dk, Metro Kongens Nytorv, Bus 15, 19, 26, 350S Kongens Nytorv*

Royal Copenhagen Crystal [O]
Die seit 1825 bestehende Glashütte Holmegaard gehört heute zu der Gruppe Royal Scandinavia, einem Zusammenschluss der größten dänischen Kunstindustrieunternehmen. In Næstved, 80 km von Kopenhagen entfernt, kann die Glashütte besichtigt werden. Der Eintritt ist frei, um Anmeldung wird aber gebeten. *Holmegaard Glasværk, Glasværksvej 54, Fensmark, 4700 Næstved, Regionalzug ab Hauptbahnhof, Tel. 38 14 97 97, www.holmegaard.com*

KAUFHÄUSER

Illum [110 C2]
Das Kaufhaus erstreckt sich über vier Etagen. Hier gibt es neben dem üblichen Angebot auch dänisches Design, vor allem in den Abteilungen Küchenartikel und Porzellan. Immer gut besucht ist das Restaurant und Café im vierten Stock. *Østergade 52, Metro Kongens Nytorv, Bus 15, 19, 26, 350S Kongens Nytorv*

Magasin du Nord [111 D2]
Hinter der ehrwürdigen Fassade verbirgt sich die *Magasin*-Kaufhauskette, zu der auch das Kaufhaus Illum gehört. Mit der Konkurrenz zwischen den beiden ist es lange vorbei. Das Magasin du Nord will edler und internationaler sein als das Illum. Vorbilder sind wohl Harrod's in London und das Kaufhaus des Westens in Berlin. Waren wie Preise unterscheiden sich allerdings kaum von dem Angebot des Illum. *Kongens Nytorv, Metro Kongens Nytorv, Bus 15, 19, 26, 350S Kongens Nytorv*

EINKAUFEN

MODE

Blues [110 C2]
Dänisches Label, das Mode für jüngere Männer schneidert. *Østergade 59, Metro Kongens Nytorv, Bus 15, 19, 26, 350S Kongens Nytorv*

Brøderne Andersen [110 C2]
Klassischer Herrenausstatter. Anzüge bester Qualität, sorgsam geschneiderte Hemden und Krawatten für jeden Anlass können Sie hier erstehen. Sollte es mit der Größe nicht klappen, nehmen die Brüder auch Maß. *Østergade 9, Bus 14, 42, 43, 184, 185, 350S, 350S Nørreport Station*

Bruno & Joel [110 C2]
Designerschuhe aus dem eigenen Haus, aber auch andere, vornehmlich teure italienische Markenschuhe stehen bei Bruno & Joel im Regal. *Kronprinsensgade 2, Bus 14, 42, 43, 184, 185, 350S, 350S Nørreport Station*

Buksesnedkeren [110 B2]
Der *Hosenschneider* fertigt nicht nur Hosen. Zur sportlichen, farbenfrohen Kollektion gehört auch Freizeitkleidung. *Købmagergade 47, Bus 14, 42, 43, 184, 185, 350S, 350S Nørreport Station*

Noa Noa [110 B2–3]
Bereits ein Blick ins Fenster verrät: Hier geht es bunt zu. Noa Noa steht für farbenfrohe Kollektionen – ausschließlich für Frauen. *Larsbjørnstræde 16, Bus 10, 12, 14, 26, 29, 33, 48, 67, 68, 69, 250S Rådhuspladsen*

Stig P [110 C2]
Edle, elegante Designermode für den Herrn. Das eigene Label trägt den Namen Dico und gehört zur Kategorie »fein und teuer«. Auf dem Bügeln bei Stig P hängen auch Designerstücke anderer Hersteller derselben Kategorie. *Kronprinsensgade 12, Bus 14, 42, 43, 184, 185, 350S, 350S Nørreport Station*

Glitzerlook mit Silberkugeln: Deko im Kaufhaus Magasin du Nord

MUSIK

Sweater Market [110 B3]
Die berühmten Norweger liegen hier in unterschiedlichen Ausführungen im Regal. Pullover und Strickjacken, nicht nur mit eingestrickten Elchen, kann man hier in aller Ruhe anprobieren. Selbst wer im Sommer die Umkleidekabine aufsucht, muss nicht ins Schwitzen geraten: Der Laden ist klimatisiert. *Nytorf 19 (Strøget), Bus 10, 12, 14, 26, 29, 33, 48, 67, 68, 69, 250S Rådhuspladsen*

MUSIK

Accord [110 B3]
Musikliebhaber können hier stundenlang stöbern. In dem Secondhand-Plattenladen gibt es gut sortierte Abteilungen für Pop, Klassik und Jazz. *Vestergade 37, Bus 10, 12, 14, 26, 29, 33, 48, 67, 68, 69, 250S Rådhuspladsen*

Fona [110 C2]
Das Hi-Fi-Geschäft in der Strøget verkauft nicht nur Stereoanlagen und Fernsehgeräte. Im ersten Stock finden Sie auch eine riesige Auswahl an CDs. Vor allem die Klassikabteilung ist hervorragend sortiert. *Østergade 47, Metro Kongens Nytorv, Bus 15, 19, 26, 350S Kongens Nytorv*

PFEIFEN & TABAK

Paul Olsen [110 C1]
Pfeifenraucher können die Nase in zig Mixturen stecken und sich ihren Tabak mischen. Zigarrenfreunde werden in Skandinaviens größtem begehbarem Humidor sicher Lust bekommen, sich etwas Besonderes zu gönnen. *Christian IX's Gade 5, Metro Kongens Nytorv, Bus 15, 19, 26, 350S Kongens Nytorv*

PORZELLAN & SILBER

Georg Jensen Silver [110 C2]
Georg Jensen (1866–1935) hämmerte alles in Silber: Besteck, Schmuck, Uhren, Schalen und Leuchter. Der Bildhauer und gelernte Silberschmied hat Maßstäbe gesetzt und wird als der »größte Silberschmied der letzten drei Jahrhunderte« gerühmt. Im Obergeschoss werden in einem kleinen Museum die ersten Arbeiten Jensens gezeigt. *Mo–Do 10–18, Fr 10–19, Sa 10–17 Uhr, Eintritt frei, Amagertorv 4, Metro Kongens Nytorv, Bus 15, 19, 26, 350S Kongens Nytorv*

Rosenthal [110 B3]
Internationales Porzellan, aber vor allem dänische Glas- und Porzellankunst wird hier angeboten. Zu Unrecht steht Rosenthal neben der großen Porzellanmanufaktur Royal Scandinavia etwas im Schatten. *Frederiksberggade 21, Bus 10, 12, 14, 26, 29, 33, 48, 67, 68, 69, 250S Rådhuspladsen*

Royal Scandinavia
Die traditionsreiche, 1775 gegründete Porzellanmanufaktur stellt ihr Tafelgeschirr in dem wunderschönen Renaissancehaus am Amagertorv aus. Flaggschiff ist das mit blauen Blumenmotiven bemalte Service *Flora Danica*, das Christian VII. 1790 der Zarin Katharina II. schenkte. In den Sommermonaten kann man den Porzellanmalern über die Schulter schauen. Im 2. Stock werden Stücke II. Wahl günstig angeboten. *Amagertorv 6* [110 C2], *Metro Kongens Nytorv, Bus 15, 19, 26, 350S Kongens Nytorv*

Hinter die Kulissen von Royal Scandinavia kann jeder Porzellan-

EINKAUFEN

liebhaber in Frederiksberg schauen. Während einer einstündigen Führung (auch auf Deutsch) durch die Werkshallen erfährt der Besucher alles über die Fertigung der kostbaren Stücke – etwa dass die drei blauen Wellen des Firmenlogos den Øresund, den Großen Belt und den Kleinen Belt symbolisieren. Im Werksshop gibt es Ware mit kleinen Fehlern bis zu 30 Prozent preiswerter als im Laden am Amagertorv. *Besichtigung Mo–Fr 9, 10, 11, 13 und 14 Uhr, Eintritt 40 dkr, Søndre Fasanvej 5* **[108 A2–3]**, *Tel. 38 14 92 97, Bus 14, 15 Fredriksberg Rådhus*

SÜSSES & BUNTES

Dahls Flagfabrik [110 B1]

insider tipp

Rote Tücher in Hülle und Fülle. Wie wäre es mit einem echten Dannebrog als Mitbringsel? Bei Dahls gibt es sie in jeder Ausführung und Größe: als kleine Papierfahne am Zahnstocher für das kalte Buffet, als Aufkleber oder als riesiges Tuch für den Mast im Garten. Sich in Dahls Flagfabrik nur umzuschauen ist bereits ein Erlebnis. *Nørre Voldgade 25, Bus 14, 42, 43, 184, 185, 350S, 350S Nørreport Station*

Danish Art & Christmas Shop [110 A3]

Weil es die Dänen so lieben, ist in diesem Laden das ganze Jahr über Weihnachten. Für alle, die schon im Sommer Baumschmuck kaufen möchten. *Studiestræde 41, Bus 10, 12, 14, 26, 29, 33, 48, 67, 69, 250S Rådhuspladsen*

Sømods Bolcher [110 B2]

insider tipp

Der königliche Hoflieferant in Sachen Naschkram fertigt die Bonbons noch mit der Hand wie vor 100 Jahren. 70 verschiedene Sorten in allen Formen und Farben kann man hier lutschen. Sie können den Bonbonbäckern beim Rollen und Schneiden der Zuckerstangen auch zuschauen. *Mo–Fr 9.15–15.15 Uhr, Eintritt frei, Nørregade 36, Bus 14, 42, 43, 184, 185, 350S, 350S Nørreport Station*

Tage Andersen [111 D2]

Blumenhändler wäre wahrscheinlich eine Beleidigung, Florist träfe es nicht ganz. Tage Andersen ist Künstler: Er arrangiert Blumen und komponiert geschmiedete Blätter mit echten Blüten. Da er sich der Kunst verschrieben hat, ist sein Geschäft kein Laden, Andersen nennt es ein Museum. Wer nicht kauft, sondern nur gucken möchte, muss Eintritt zahlen: 40 dkr. *Mo–Do 10–18, Fr 10–19, Sa 10–17 Uhr, Ny Adelgade 12, Metro Kongens Nytorv, Bus 15, 19, 26, 350S Kongens Nytorv*

Royal Scandinavia: Mekka für Porzellanliebhaber

ÜBERNACHTEN

Verführerischer Glanz der Sterne

Nicht alle Luxushotels halten, was sie versprechen. Aber auch im teuren Kopenhagen können Sie günstige Hotels buchen

Wenn Sie in Kopenhagen nach den Sternen greifen, wohnen Sie nicht unbedingt im Luxushimmel. Strahlen drei oder vier Sterne an der Fassade der Nobelherberge, so kann der Glanz beim Betreten des Zimmers schnell verblassen: Es ist vielleicht klein, das Fenster geht zum Hof hinaus, das Mobiliar ist angeschlagen. Und dann im Bad: Die Dusche braust in alle Richtungen, die Marmorkacheln sind verkalkt. Egal, wie viele es auch sind, in Kopenhagen garantieren die Hotelsterne nicht unbedingt gewünschten Luxus.

Die einzige Möglichkeit, nicht enttäuscht zu werden: Erwarten Sie nicht zu viel – auch wenn Sie viel bezahlen müssen. Legen Sie Wert auf Sterne, kostet eine Nacht im Doppelzimmer gut und gerne 200 Euro, wobei die Grenze nach oben hin offen ist. Günstig wohnen Sie im Bahnhofsviertel. Hier bekommen Sie ein Doppelzimmer schon für 80 bis 100 Euro. Keine Sorge: Sie müssen nicht um Ihre Sicherheit fürchten. Die Hotels sind sauber, der Service ist freundlich. Mit

Im Luxushotel d'Angleterre wohnen Prominente und Politiker

Komfort sollten Sie hier allerdings nicht rechnen. Preiswert und nicht schlecht schlafen Sie in den Jugendherbergen, zumal es dort auch Familienzimmer gibt.

Besuchen Sie Kopenhagen im Sommer oder in der Weihnachtszeit, sollten Sie Ihr Zimmer auf jeden Fall im Voraus buchen. Schriftlich und telefonisch können Sie dies bei der Zimmervermittlung *Wonderful Copenhagen* tun *(Gammel Kongvej 1, DK-1610 København, Tel. 0045/70 22 24 42, www.visit copenhagen.dk oder www.woco.dk)*. Viele Hotels werben mit günstigen Wochenendtarifen und geben Rabatt bei Onlinebuchung.

HOTELS €€€

Copenhagen Admiral Hotel [111 E2]

★ Das Hotel war im 18 Jh. ein Kornspeicher. Die mächtigen Holzbalken des Speichers blieben auch in den 366 Zimmern erhalten, die alle einen schönen Blick auf den Hafen oder auf das Schloss Amalienborg bieten. *Toldbodgade 24–28, Tel. 33 74 14 14, Fax 33 74 14 16, www.admiral-hotel.dk, Bus 29 Toldbodgade*

HOTELS €€€

Maritim wohnen im ehemaligen Speicherhaus – im 71 Nyhavn Hotel

Kong Frederik [110 A3]
Das Kong Frederik ist ein traditionelles Hotel im englischen Stil mit viel Stuck und Plüsch. Die Zimmer sind mit Chesterfield-Möbeln eingerichtet. Wer hier schläft, darf auch das Fitnesscenter im Schwesterhotel D'Angleterre benutzen. *110 Zi., Vestervoldgade 25, Tel. 33 12 59 02, Fax 33 12 11 18, www.remmen.dk, Bus 10, 12, 14, 26, 29, 33, 48, 67, Rådhuspladsen*

71 Nyhavn Hotel [111 E2]
★ ⚐ Die Lage ist einmalig: Im Zentrum mit Blick auf das Wasser und die gegenüber liegende Oper. Das Hotel war ursprünglich ein altes Lagerhaus. Die Architekten haben den Charme der Balken und Speicherluken erhalten. Die 150 Zimmer sind maritim und gemütlich eingerichtet, aber klein. Manche Zimmer sind auch ohne Hafenblick. *Nyhavn 71, Tel. 33 43 62 00, Fax 33 43 62 01, www.71nyhavn hotel.dk, Metro Kongens Nytorv,* Bus 15, 19, 26, 350S Kongens Nytorv

Phoenix Copenhagen [111 D1]
Das Hotel ist einen Steinwurf vom Palast der Königin entfernt. Mag sein, dass es sich deshalb mit viel Stuck und Gold präsentiert. Die 212 Zimmer sind entsprechend eingerichtet. *Bredgade 37, Tel. 33 95 95 00, Fax 33 33 98 33, www.phoenixcopenhagen.dk, Metro Kongens Nytorv, Bus 15, 19, 26, 350S Kongens Nytorv*

**Radisson SAS
Royal Hotel** [110 A3]
Es ist mit das Erste, was der Kopenhagenbesucher sieht: das graue Hochhaus am Bahnhof mit den drei Buchstaben SAS. Das Royal Hotel ist der Klassiker unter Kopenhagens SAS-Hotels. Es wurde von dem Designer Arne Jacobsen entworfen und eingerichtet. Trotz einer umfangreichen Renovierung anlässlich des 40-jährigen Jubiläums haben

ÜBERNACHTEN

die 266 Zimmer den Charme des dänischen Designs nicht verloren. Wer das Original sucht und Arne-Jacobsen-Liebhaber ist, sollte das Zimmer Nr. 606 buchen. Es wurde im Zustand belassen, wie es Jacobsen 1960 eingerichtet hat. *Hammerichsgade 1, Tel. 33 42 66 00, Fax 33 42 61 00, www.radissonsas.com, Bus 10, 15, 26, 30, 40, 47, 48, 250S, 650S Hauptbahnhof*

**Radisson SAS
Scandinavia Hotel** [115 D5]
Äußerlich nicht unbedingt einladend ist der Turm des SAS Scandinavia Hotels. Doch bieten die Zimmer in den 25 Stockwerken all den Luxus, den diese Klasse verlangt. Vom Hotel, das außerhalb des Zentrums auf der Insel Amager liegt, sind es cirka 20 Minuten bis in die City. Die 542 Zimmer sind in verschiedenen Stilrichtungen möbliert: orientalisch, italienisch oder skandinavisch. Bekannt ist das SAS Scandinavia, weil es hier heißt: »Nichts geht mehr.« Unter dem Dach des Hotels ist Kopenhagens einziges Spielkasino untergebracht. *Amager Boulevard 70, Tel. 33 96 50 00, Fax 33 96 55 00, www.radissonsas.com, Bus 47, 250S Amager Boulevard*

HOTELS €€

Absalon Hotel [109 F4]
Es zählt zu den einfachen Hotels in der Nähe des Hauptbahnhofs, doch die 185 Zimmer sind sauber und funktional eingerichtet. *Helgolandsgade 15, Tel. 33 24 22 11, Fax 33 42 99 90, www.absalon-hotel.dk, Bus 10, 15, 26, 30, 40, 47, 48, 250S Hauptbahnhof*

Christian IV [111 D1]
Nahe dem Schloss Rosenborg am Kongens Have ist dieses kleine Hotel ruhig gelegen. Die 42 Zimmer sind hell und skandinavisch mit Kiefermöbeln möbliert. *Dronningens Tværgade 45, Tel. 33 32 10 44, Fax 33 32 07 06, www.hotelchristianiv.dk, Bus 26 Dronningens Tværgade*

DGI-byen Hotel [110 A5] *Insider Tipp*
Hinter der Abkürzung DGI verbirgt sich der Dänische Sportbund. Obwohl dieses Hotel zum Sportzentrum in Vesterbro gehört, muss der Gast kein Sportler sein. Er kann

MARCO POLO Highlights
»Übernachten«

★ **71 Nyhavn Hotel**
Schlafen im Speicher
mit Blick auf den Hafen
(Seite 68)

★ **Hotel D'Angleterre**
Im besten Hotel der Stadt
betten Stars und Politiker ihr
Haupt (Seite 70)

★ **Cab Inn City**
Praktisch, preiswert, zentral
(Seite 71)

★ **Copenhagen Admiral Hotel**
Unter dicken Balken
wohnen (Seite 67)

Kopenhagener Luxushotels

Hotel D'Angleterre [111 D2]
★ Die erste Adresse im Zentrum. Mehr als 250 Jahre alt ist das Prachtstück der Stadt. Hinter der prunkvollen Fassade verbirgt sich viel Stuck und Gold, dazu rote Teppiche und schwere Vorhänge. Hier wohnen Prominente, Politiker und Stars. 124 exquisit eingerichtete Zimmer. Ab 300 Euro können Sie hier Ihr Haupt betten. *Kongens Nytorv 34, Tel. 33 12 00 95, Fax 33 12 11 18, www.remmen.dk, Metro Kongens Nytorv, Bus 15, 19, 26, 1A, 350S Kongens Nytorv*

Copenhagen Marriott Hotel [110 B5]
Das Luxushotel am Hafen wurde 2001 eröffnet. Service und Komfort lassen keine Wünsche unerfüllt. ↘↗ In den Zimmern der oberen Stockwerke genießen Sie eine wunderbare Aussicht über die Stadt. Alle 395 Zimmer sind modern eingerichtet und großzügig geschnitten. *Ab 250 Euro, Kalvebod Brygge 5, Tel. 88 33 99 00, Fax 88 33 99 99, www.marriott.com, Bus 48 Kalvebod Brygge*

Hilton Copenhagen Airport [0]
Luxus am Flughafen. Das einzige Hilton in Skandinavien. Hier soll selbst das kleinste Zimmer (33 m^2) zu den größten Hotelzimmern der Stadt zählen. Alle Zimmer sind mit skandinavischem Designermobiliar eingerichtet, die TV-Geräte stammen von Bang & Olufsen. Designfreunde werden von der Ausstattung begeistert sein. *382 Zi., ab 230 Euro, Ellehamsvej 20, 2270 Kastrup, Tel. 32 50 15 01, Fax 32 52 85 28, www.hilton.com*

Sankt Petri Hotel [110 B2]
Einst war es ein Billigkaufhaus, heute prangen fünf Sterne an der Fassade. Das Hotel liegt nahe der St.-Petri-Kirche mitten im Latiner-Viertel. Es ist atmosphärisch das Gegenteil zum D'Angleterre. Die Lobby, eine riesige Halle, wird ebenso wie die 270 Zimmer von kühlem Design in Schwarzweiß beherrscht. *Ab 230 Euro, Krystalgade 22, Tel. 33 45 91 00, www.hotelsktpetri.com, Metro Kongens Nytorv, Bus 15, 19, 26, 350S Kongens Nytorv*

aber im *Vandkulturhuset,* dem Schwimmbad im Sportzentrum, seine Bahnen schwimmen. Die Zimmer sind für diese Preisklasse großzügig geschnitten und mit dänischen Möbeln eingerichtet, einige verfügen über einen Balkon. *104 Zi., Tietgensgade 65, Tel. 33 29 80 50, Fax 33 29 80 59, www.dgi-byen.dk, Bus 12, 26, 29, 33 Rådhuspladsen*

Fox [110 A2]
Schlafen, umgeben von Waldwesen, Monstern oder Mangas: 21 Grafiker und Designer aus aller Welt haben jedes der 61 Nichtraucherzimmer im 2005 eröffneten Lifestylehotel individuell ausgestattet. Wählen Sie an der Rezeption! *Jamers Plads 3, Tel. 33 95 77 55, Fax 33 14 30 33, www.hotelfox.dk, Bus 5A, 14 Jamers Plads*

ÜBERNACHTEN

Ibsens Hotel [110 A1]
Das Hotel am Peblinge Sø mit klassizistischer Fassade hat den Ruf eines freundlichen Familienhotels. Die Lage ist absolut ruhig, die 118 Zimmer sind behaglich und schlicht. Besonders gemütlich wohnt man in dem Mansardenzimmer mit Balkon. *Vendersgade 23, Tel. 33 13 19 13, Fax 33 13 19 16, www.ibsenshotel.dk, Bus 14, 42, 43, 184, 185 150S, 350S Nørreport*

Neptun [111 D2]
Etwas versteckt, in einer Parallelstrasse zum Nyhavn, liegt dieses gepflegte Hotel. Die 133 Zimmer sind groß und hell, die Einrichtung ist schnörkellos. Phantastischer Blick von der Dachterrasse über die Kopenhagener Altstadt. *Sankt Annæ Plads 18–20, Tel. 33 96 20 00, Fax 33 96 20 66, www.choicehotels.dk, Metro Kongens Nytorv, Bus 15, 19, 26, 350S Kongens Nytorv*

Opera [111 D2]
In einer ruhigen Seitenstraße hinter dem Königlichen Theater liegt dieses Hotel. Halle, Rezeption und Restaurant sind im englischen Stil eingerichtet. Das Mobiliar der zum Teil sehr kleinen Zimmer ist modern und schlicht. Die zum Innenhof gelegenen Zimmer sind nicht besonders hell. *91 Zi., Tordenskjoldgade 15, Tel. 33 47 83 00, Fax 33 47 83 01, www.operahotelcopenhagen.dk, Metro Kongens Nytorv, Bus 15, 19, 26, 350S Kongens Nytorv*

The Square [110 B3]
Das Square am Rathausplatz ist leicht zu übersehen, weil es sich hinter einer Fassade mit Leuchtreklame verbirgt. Das Ambiente ist eher kühl: statt Stuck polierter Stein, statt Plüsch Leder, statt Teak schwarzes Holz und Chrom. Das Frühstück wird im sechsten Stockwerk serviert; von dort schaut man über die Dächer Kopenhagens. *268 Zi., Rådhuspladsen 14, Tel. 33 38 12 00, Fax 33 38 12 01, www.thesquarecopenhagen.com, Bus 10, 12, 14, 26, 29, 33, 48, 67 Rådhuspladsen*

HOTELS €

Absalon Annex [109 F4]
Für den Preis darf man nicht viel erwarten. Das Annex ist ein Ableger des Absalon-Hotels, jedoch sind die Zimmer einfacher und haben nur ein Waschbecken. Dusche und Bad befinden sich auf der Etage. *76 Zi., Helgolandsgade 15, Tel. 33 24 22 11, Fax 33 24 34 11, www.absalon-hotel.dk, Bus 10, 15, 26, 30, 40, 47, 48, 250S Hauptbahnhof*

Bertrams Hotel [109 D4]
Für Familien bietet das Hotel große Zimmer mit mehreren Betten. Diese sind freundlich und sauber eingerichtet, jedoch haben nicht alle ein eigenes Bad. Mitten im Szeneviertel Vesterbro, 10 Minuten vom Hauptbahnhof entfernt. *45 Zi., Vesterbrogade 107, Tel. 33 25 04 05, Fax 33 25 04 02, www.bertramshotel.de, Bus 26 Gasværksvej*

Cab Inn City [110 B4]
★ Die drei Cab-Inn-Hotels in Kopenhagen sind eine preiswerte Alternative zu den herkömmlichen Hotels. Alle Zimmer sind gleich möbliert und können von bis zu vier Personen belegt werden. Die Einrichtung erinnert an ein Schlaf-

Hotels €

wagenabteil oder an eine Schiffskabine. Es ist alles da: farbig, freundlich, funktional. Vor allem das jüngste, 2004 eröffnete Cab Inn in der Nähe des Hauptbahnhofes hat ein gutes Preis-Leistungs-Verhältnis. *350 Zi., Mitchellsgade 14, Tel. 33 46 16 16, Fax 33 46 17 17, www.cab-inn.dk, Bus 10, 15, 26, 30, 40, 47, 48, 250S Hauptbahnhof*

Cab Inn Copenhagen Express [109 E2]
🏃 *86 Zi., Danasvej 32, Tel. 33 21 04 00, Fax 33 21 74 09, www.cab-inn.dk, Bus 12, 14, 15, 29, 30, 40, 47, 67, 68 Vesterport Station*

Cab Inn Scandinavia [109 E2]
🏃 *201 Zi., Vodroffsvej 55, Tel. 35 36 11 11, Fax 35 36 11 14, www.cab-inn.dk, Bus 12, 14, 15, 29, 30, 40, 47, 67, 68 Vesterport Station*

Missionshotellet Nebo [109 F4]
Keine Sorge, Sie werden in diesem Missionshotel im Rotlichtviertel weder belästigt noch bekehrt. Das Haus ist einfach und ordentlich. Die Hälfte der 88 Zimmer hat kein eigenes Bad, Duschen sind auf der Etage. Es gibt größere 3-Sterne-Zimmer, die etwas teurer sind. Auf jeden Fall sollte man sich die Zimmer vor dem Buchen anschauen. Im Innenhof gibt es 20 Parkplätze. *Istedgade 6, Tel. 33 21 12 17, Fax 33 23 47 74, www.nebo.dk, Metro Kongens Nytorv, Bus 10, 15, 26, 30, 40, 47, 48, 250S Hauptbahnhof*

Saga Hotel [109 F4]
Ebenfalls hinter dem Hauptbahnhof. Alle 78 Zimmer sind einfach eingerichtet, die meisten haben ein eigenes Bad. Für Familien werden gern weitere Betten in die geräumigen Zimmer gestellt. *Colbjørnsgade 18–20, Tel. 33 24 49 44, Fax 33 24 60 33, www.sagahotel.dk, Bus 10, 15, 26, 30, 40, 47, 48, 250S Hauptbahnhof*

Selandia [109 F4]
Kleines Hotel mit 84 renovierten, modern eingerichteten Zimmern direkt hinter dem Hauptbahnhof. Service und Preis-Leistungs-Verhältnis des Selandia suchen in dieser Kategorie ihresgleichen. *Helgolands-*

Freundlich und günstig wie alle Cab Inns: das neue Cab Inn City

ÜBERNACHTEN

Bettlektüre

**Ein Arzt, ein Dichter, ein Mord:
Bücher, die zum Wachbleiben verführen**

Der historische Roman »Der Besuch des Leibarztes« von Peer Olov Enquist spielt im Kopenhagen des 18. Jhs. Er erzählt die spannende Geschichte von Friedrich Struensee, dem Leibarzt des geisteskranken Königs Christian VII. Die Affäre mit der Königin wird ihm zum Verhängnis... Ein unterhaltsames Lesebuch aus Fakten, Zitaten und Impressionen ist »Hans Christian Andersens Kopenhagen«. Ulrich Sonnenberg verbindet darin die Geschichte Kopenhagens mit dem Leben und Werk des Dichters Hans Christian Andersen. Der Krimi »Der Mord im Dunkeln« von Dan Turell führt den Leser in den Kopenhagener Stadtteil Vesterbro. Hier geschehen zwei Morde, Kommissar Ehlers ermittelt.

gade 12, Tel. 33 31 46 10, Fax 33 31 46 09, www.hotel-selandia.dk, Bus 10, 15, 26, 30, 40, 47, 48, 250S Hauptbahnhof

JUGENDHERBERGEN

Jugendherberge ist eigentlich die falsche Bezeichnung. Hier darf jedermann wohnen. Günstig und praktisch sind die Mehrbettzimmer, die von Familien komplett gebucht werden können (frühzeitig reservieren!). Gäste brauchen einen Jugendherbergsausweis, der auch vor Ort erworben werden kann. Obligatorisch ist es, das Bett bzw. Zimmer drei Tage im Voraus zu reservieren. *Preise und Informationen: Danhostel, Vesterbrogade 39, 1620 Kopenhagen V, Tel. 33 31 36 12, Fax 32 52 27 08, www.danhostel.dk*

**Danhostel
Copenhagen Amager** [113 D6]
528 Betten, 128 Zi. ohne Bad/WC, 18 Zi. mit Bad/WC, Preise pro Nacht pro Zimmer ohne Frühstück: im Gemeinschaftsraum 95 dkr, im Familienzimmer für 2 Pers. 300 dkr, für 4 Pers. 460 dkr. *Veijlands Allé 200, Tel. 32 52 29 08, Fax 32 52 27 08, Bus 30 73 Bella Center*

**Danhostel
Copenhagen Bellahøj** [112 C5]
248 Betten, 41 Zi. ohne Bad/WC, Preise pro Nacht pro Zimmer ohne Frühstück: im Gemeinschaftsraum 95 dkr, im Familienzimmer für 2 Pers. 300 dkr, für 4 Pers. 460 dkr. *Herbergsvejen 8, Tel. 38 28 97 15, Fax 38 89 02 10, Bus 13 Bellahøj*

**Danhostel
Copenhagen City** [110 C4] *Insider Tipp*
700 Betten, die Vier-, Sechs-, Acht- oder Zehnbettzimmer im 2005 eröffneten Hostel haben alle ein eigenes Bad. Preis pro Nacht ab 120 dkr (im Acht-Bett-Zimmer), im Doppelzimmer 480 dkr. *H. C. Andersen Boulevard 50, Tel. 33 11 85 85, Fax 33 11 85 88, Bus 5A, 12, 33, 40, 47, 250S Christians Brygge*

AM ABEND

Ballett ist hier Weltspitze

Jazz- und Ballettfans finden in Kopenhagen hervorragende Locations, die Bar- und Diskoszene verlagert sich in die Brückenviertel

Wird es Abend in Kopenhagen, zeigt die Stadt, was sie an Unterhaltung zu bieten hat. Und das ist eine Menge. Opernfreunde, Jazzfans und Tivoliliebhaber haben es einfach: Ihre Ziele sind leicht auszumachen. Schwerer haben es da schon die Bar- und Diskothekengänger. Die Jugend vergnügt sich mehr und mehr außerhalb der City. Die Szene verlagert sich zunehmend in die Brückenviertel, vor allem nach Vesterbro. Der Halmtorvet wird bereits als zweites Latiner-Viertel Kopenhagens bezeichnet. Auch auf Holmen, der anderen Seite des Hafens, hat die erste Diskothek eröffnet. Was nicht heißt, dass der Altstadt Langeweile droht, doch richtet sich das Unterhaltungsangebot rund um den Kongens Nytorv eher an die reifere Generation.

Wer sich für den späteren Abend erotisches Entertainment wünscht, soll nicht glauben, dass in jedem Nachtclub Nacktes geboten wird. Oft sind es ganz normale Bars mit einer Tanzfläche. Striptease und Diskretes finden Sie auf den hinteren Seiten in *Copenhagen This Week*.

Nachtleben in den Straßen von Frederiksberg

Tivoli: Unterhaltung garantiert

BALLETT, THEATER & OPER

Kartenbestellung für Det Kongelige Teater und Oper: *Det Kongelige Teater Billetcenter, Tordenskjoldgade 7* **[111 D2]**, *Mo–Fr 12–18 Uhr, Tel. 33 69 69 69, www.kgl-teater.dk*

Det Kongelige Teater   **[111 D2]**
★ Ballettaufführungen des Königlichen Theaters haben Weltruf. Oft sind die Vorstellungen im Voraus ausverkauft. Gibt es keine Karten mehr, leuchten die beiden Laternen am Haupteingang des Theaters rot auf. Mit Glück gibt es Restkarten zum halben Preis an der Vorverkaufskasse (am Tag der Vorstellung ab 17 Uhr). Frühzeitiges Kommen erhöht die Chancen! *Kongens Nytorv, Metro Kongens Nytorv, Bus 15, 19, 26, 350S Kongens Nytorv*

BARS

Eine der besten Gentlemen's Bars der Welt: Plaza Library Bar

Opera [111 F1]
★ Die Oper ist ein Geschenk des Schiffsreeders Mærsk Mc-Kinney Møller. Eingeweiht wurde das neue Wahrzeichen der Stadt Anfang 2005 mit Verdis Aida. Imposant ist neben der Architektur nach dem Entwurf von Henning Larsen auch die Akustik. *Holmen, www.operahus.dk, Hafenbus 901, 902*

BARS

Bang & Jensen [109 E5]
Insider Tipp
🏃 Tagsüber ein Café, bei dem man auch draußen sitzen kann. Zu später Stunde mutiert die alte Apotheke in Vesterbro zur Bar und Disko. Der DJ erfüllt auch Musikwünsche. *Istedgade 130, www.bangogjensen.dk, Bus 10 Istedgade*

Carlton [109 F4]
Gut besuchte Bar in Vesterbro gegenüber der Øksnehallen. Gute Longdrinks und Cocktails, dazu kleine Speisen der französischen Küche, zu denen der passende Wein gereicht wird. *Halmtorvet 14, Tel. 33 29 90 90, www.carltonkbhv.dk, Bus 10, 15, 26, 30, 40, 47, 48, 250S, 650S Hauptbahnhof*

Hviids Vinstue [111 D2]
Insider Tipp
Nach der Oper oder dem Ballett ist es in der Weinstube brechend voll. In den schummrigen, meist verrauchten Kellerräumen wird seit 1723 ausgeschenkt. *Kongens Nytorv 19, Metro Kongens Nytorv, Bus 15, 19, 26, 350S Kongens Nytorv*

Plaza Library Bar [110 A3]
Klassische Hotelbar im Sofitel Copenhagen Plaza. Sie zählt zu den fünf besten Gentlemen's Bars der Welt. Umgeben von dunklen Holzwänden und schweren Vorhängen, wird bei Tee, Kaffee oder einem Cocktail gepflegt geplaudert. Frauen sind auch willkommen. *Bernstorffgade 4, www.accorhotel.dk, Bus 10, 15, 26, 30, 40, 47, 48, 250S, 650S Hauptbahnhof*

Royal Bar [110 A3]
Den Barkeepern wird nachgesagt, dass sie die besten Cocktails Däne-

|76

AM ABEND

marks rühren würden. Einer der Herren hinter dem Tresen darf sich gar *National Cocktail Shaking Champion* nennen. Für die vollkommen relaxte Stimmung sorgt der Mann am Piano. *Hammerichsgade 1, Bus 12, 14, 15, 29, 30, 40, 47, 67, 68 Vesterport Station*

Stereo Bar [110 B1] *Insider Tipp*

Wer den 70er-Jahren nachtrauert, wird hier glücklich. Die Deko ist ganz im Look der Seventies, aus den Boxen schallen aber auch Hip-Hop und Jazz. *Linnésgade 16A, www.stereobar.dk, Bus 14, 42, 43, 184, 185, 150S, 350S Nørreport*

Ziggys [109 F4]

Am frühen Abend wird italienische Küche serviert, zu fortgeschrittener Stunde drängt man sich an der Bar bis spät in die Nacht. Internationale Cocktails zu vernünftigen Preisen. *Halmtorvet 18, Tel. 33 25 15 25, Bus 10, 15, 26, 30, 40, 47, 48, 250S, 650S Hauptbahnhof*

DISKOTHEKEN

Australien Bar [110 B3]

🏃 Vor allem am Freitag und Samstag steht hier die jüngere Generation Schlange. Drinnen werden die aktuellen Hits aus den Charts aufgelegt. *Vestergade 10, Bus 10, 12, 14, 26, 29, 33, 48, 67, 68, 69, 250S Rådhuspladsen*

Base Camp [111 F2] *Insider Tipp*

Die riesige Halle auf dem verlassenen Militärgelände (Holmen) ist vor allem am Wochenende ein populärer Treff: Restaurant, Bar und Disko. Am Sonntagsvormittag wird im Base Camp Brunch für die ganze Familie serviert, dazu gibt es Jazzmusik – live. *Arsenaløen/Holmen, Haltolv, Tel. 70 23 23 18, Bus 48 Frederiksholmbroen*

Blue Buddha [110 C1]

🏃 Der blaue Buddha in Baron Boltens Gård will es den kostspieligen Clubs der Stadt beweisen: Cocktails müssen nicht teuer sein. Tatsächlich sind die Getränke etwas günstiger und locken vor allem das junge Publikum. *Gothersgade 8F, Bus 350S Kronprinsessegade*

Level Cph [110 B2]

Keine Soundeffekte, keine raffinierten Lichtspiele, trotzdem stimmt die Stimmung. Häufig wird House und elektronische Musik aufgelegt.

MARCO POLO Highlights
»Am Abend«

★ **Det Kongelige Teater**
Tanz mit Weltruf (Seite 75)

★ **Vega**
Alles unter einem Dach: Starauftritte, intime Konzerte und Topdisko (Seite 79)

★ **Copenhagen Jazz House**
Das Zuhause der Jazzer (Seite 78)

★ **Opera**
Verdi auf der Werft (Seite 76)

KINOS

Meet the Danes

Kopenhagen ganz privat erleben

Hätten Sie Lust, einen Abend mit Kopenhagenern zu verbringen? Die Organisation *Meet the Danes* bietet einen direkten Draht zu Einheimischen. Sie können gemeinsam bei ihnen zu Hause essen, miteinander über Stadt und Leute plaudern und so mehr über den dänischen Alltag erfahren. Ein *Middag* – Abendessen mit zwei oder drei Gängen in einem dänischen Zuhause – bei Paaren, Familien, Alleinerziehenden oder in einer Wohngemeinschaft – kostet pro Person ca. 50 Euro. *Informationen und Reservierungen: Meet the Danes, Tel. 33 46 46 46, www.meetthedanes.dk*

Skindergade 54, Bus 10, 12, 14, 26, 29, 33, 48, 67, 68, 69, 250S Rådhuspladsen

Park Diskothek [106 C2]
Café und Restaurant mit Ballsaal *Club S.*, in dem vorwiegend zur Musik aus den Siebzigern getanzt wird. Das Alter der Gäste ist entsprechend. *Østerbrogade 79, www.parkcafe.dk, Bus 14, 15 Triaglen*

Woodstock [110 B3]
Im Woodstock wird Musik der 50er- bis 80er-Jahre gespielt. Deshalb tanzen hier auch die nicht mehr ganz Jungen ein wenig wehmütig nach den Rhythmen ihrer Jugend. Donnerstags, wenn die aktuellen Titel aufgelegt werden, kommen dann deren Kinder. *Vestergade 12, Tel. 33 11 20 71, Bus 10, 12, 14, 26, 29, 33, 48, 67, 68, 69, 250S Rådhuspladsen*

KINOS

In den Kopenhagener Kinos werden alle Filme in Originalfassung mit dänischen Untertiteln gezeigt. Das aktuelle Kinoprogramm steht in den Tageszeitungen *Politiken* oder *Berlingske Tidende*. Die Eintrittspreise entsprechen denen deutscher Kinos. Montags bis donnerstags und vor 18 Uhr sind die Tickets billiger.

Cinemateket [110 C1]
Ein Muss für Cineasten. Hier werden Filme dänischer Regisseure gezeigt (mit Untertiteln). Neben Klassikern sind es vor allem Werke junger Filmemacher. *Gothersgade 55, Tel. 33 74 34 12, Metro Kongens Nytorv, Bus 15, 19, 26, 350S Kongens Nytorv*

LIVEMUSIK

Copenhagen Jazz House [110 C2]
★ Der legendäre Jazzclub in Kopenhagen: Kaum ein Jazzer ist hier nicht aufgetreten. Das Programm im Copenhagen Jazz House kennt keine Grenzen: Samba-Jazz, Rock-Jazz, lateinamerikanische und afrikanische Rhythmen, gespielt von anerkannten Musikern und von jungen Talenten. Gegen Mitter-

AM ABEND

nacht verwandelt sich das Jazz House in eine Diskothek. *Niels Hemmingsens Gade 10, Tel. 70 15 65 65, www.jazzhouse.dk, Bus 14, 42, 43, 184, 185, 150S, 350S Nørreport*

Loppen (Christiania) [111 F4]
Auf der Bühne des Freistaates Christiania spielen nationale und internationale Bands Rock, Jazz und lateinamerikanische Musik. Am Wochenende geht es nach den Konzerten weiter mit der Nachtdisko. *Bådsmandsstræde 43, Tel. 32 57 84 22, www.loppen.dk, Bus 19, 48, 350S Christianshavn Station*

Mojo Blues Bar [110 B3]
Für alle Blues- und Folkfreunde. Hier treten anerkannte Künstler genauso wie Bluesanfänger auf die Bühne. Da die Musikkneipe eher klein ist, geht es meist eng und gemütlich zu. *Løngangstræde 2, Tel. 33 11 64 53, www.mojo.dk, Bus 10, 12, 14, 26, 29, 33, 48, 67, 68, 69, 250S Rådhuspladsen*

Rust [106 A5]
Benannt nach dem Kremlflieger Mathias Rust, ist das Rust neben dem Vega *der* Tanztempel der Stadt. Auf drei Stockwerken verteilen sich in dem Haus in Nørrebro Bühne, Bars und Tanzflächen. In der Disko wird meist Techno, gelegentlich auch aktueller Rock und Pop gespielt – donnerstags live. *Guldbergsgade 8, Tel. 35 24 52 00, www.rust.dk, Bus 42, 43 Fredrik Bajers Plads*

Vega [106 D5]
Im Vega geht und gibt es alles: Auftritte internationaler Stars im *Store Vega*, Konzerte im kleinen Stil im *Lille Vega*, dazu eine Disko mit den angeblich besten DJs der Welt. *Enghavevej 40, Tel. 33 25 70 11, www.vega.dk, Bus 10 Enghavevej*

Nach den Konzerten darf getanzt werden im Copenhagen Jazz House

STADTSPAZIERGÄNGE

Szeneviertel und neue Oper

Die Spaziergänge sind in der Karte auf dem hinteren Umschlag und im Cityatlas ab Seite 106 grün markiert

1 SHOPPEN AUF ABWEGEN

Am Rådhuspladsen ist die Strøget wie ein Sog. Als gäbe es nur diese eine Straße, verschwinden Jung und Alt im Gewühl der Frederiksberggade, der ersten Etappe der Strøget. Bei diesem Spaziergang, der etwa zwei Stunden dauert, folgen Sie diesem Sog nicht, Sie gehen andere Wege.

Auf dem Rathausplatz orientieren Sie sich am Verlagshaus der Tageszeitung *Politiken*. Dahinter biegen Sie in die Vestergade ein und gehen Richtung Gammeltorv. Sollten Sie diesen Spaziergang mit Kindern unternehmen, kommen Sie in eine Gefahrenzone: Im Kellergeschäft *Krea (Vestergade 4–6)* gibt es Spielzeug für Kleine und ganz Kleine. Viel Spaß!

Haben Sie den Gammeltorv erreicht, gehen Sie die Nørregade – vorbei an der *Vor Frue Kirke (S. 28)* – zum alten Universitätsgebäude. Gehen Sie ruhig hinein. Drinnen scheint die Zeit stehen geblieben zu sein, wären da nicht die modernen Stühle in den Hörsälen. Sie wollen mehr Atmosphäre aus vergangenen Jahrhunderten? Dann überqueren Sie, vorbei an den Büsten alter Denker, den Vor Frue Plads. An der Ecke Fiolstræde ist der Eingang zur *Universitätsbibliothek*. Im Treppenhaus gibt es zwar eine Portiersloge, doch niemand wird Ihnen einen Blick in den *Lesesaal* mit den meterhohen Bücherregalen verwehren. Eine Kulisse wie im 19. Jh., wären da nicht die Computerbildschirme …

Zurück in der Neuzeit. Die *Fiolstræde* ist die Straße der Antiquariate. Am Ende der Fiolstræde sehen und hören Sie das Verkehrsgewühl rund um die Station Nørreport. Letzte Chance, diesem Lärm zu entgehen, ist rechts die Gasse Rosengården. An der Ecke gibt's Chinesisches *(Den kinesiske Butik, Rosengade 13–14)*, von Kleidung aus Seide bis zum scharfen Küchengewürz. Hunger? Dann haben Sie Glück. Gegenüber bietet Bibi kleine Gerichte an. Ihre üppig belegten Sandwiches und Pitabrote sind einfach köstlich *(Bibi's Diner, kein Ruhetag, Rosengården 14, Tel. 33 91 76 17, €).*

Ausgangspunkt des ersten Spaziergangs: Rådhuspladsen

81

Die Gasse Rosengården endet am *Kultorvet*. Dieser Platz zählt sicher nicht zu den schönsten der Stadt, doch wenn im Sommer Tische und Stühle der Cafés draußen stehen, ist die Stimmung gerettet. Den Kultorvet verlassen Sie auf der *Købmagergade*, Kopenhagens kleiner Strøget. An der Ecke, an der ein königlicher Hoflieferant hinter Sicherheitsglas seine Juwelen auslegt, biegen Sie in die *Kronprinsensgade* ein. Auf der linken Straßenseite wackelt ein Blechschild an der Hauswand, darauf eine goldene Teekanne: *A. C. Persch's Thehandel* ist ebenfalls Hoflieferant. Auf den bis unter die Decke gefüllten Regalen stehen sorgsam aufgereiht große und kleine Teedosen aus blankem Messing nebeneinander. Wenn die Verkäuferinnen die Teeblätter in Tütchen füllen, könnte man meinen, sie verpackten Goldstaub. Tee ist bei Persch eben etwas Kostbares. Und dann dieser Duft im Geschäft – einzigartig. Ihren Kaffee können Sie ja gegenüber im *Café Sommersko (S. 50)* trinken.

Insider Tipp

Die Boutiquen in der Kronprinsensgade sind etwas für Frauen mit Mut: extravagant und exklusiv. Lassen Sie sich überraschen – auch von den Preisen. Wenn Sie die Pilestræde überqueren, kommen Sie in die *Sværtgade*. *Wessel's Kro (kein Ruhetag, Sværtgade 7, Tel. 33 12 67 93, €–€€)* wirbt mit *smørrebrød* und seiner langen Tradition. Wenn Sie es schummrig mögen, kehren Sie am Abend hier ein. An der Kreuzung der Kirsten Bernikows Gade angekommen, gibt's auf der anderen Straßenseite Kleinmöbel und Lampen im feinsten Design *(Casa shop, Store Regengade 2)*. Gehen Sie wenige Meter nach rechts und gleich wieder links in die *Grønnegade*. Das schwedische Papiergeschäft *Ordning & Reda (Nr. 18)* ist eine Fundgrube für Freunde von buntem Briefpapier, Tagebüchern und Schnickschnack für den Schreibtisch.

Jetzt geht es zurück zur Ny Østergade. Und diese mündet – na, wo wohl? Am Ende der Strøget.

2 IM WESTEN VIEL NEUES

An der Westseite des Rathauses sitzt Dänemarks großer Dichter. Den Zylinder auf dem Kopf, den Spazierstock in der rechten Hand, in der linken ein Buch. Doch wohin schaut Hans Christian? Nicht etwa dorthin, wo seine Karriere begann, in die Altstadt. Nein, sein Blick richtet sich gen Westen. Und das mit einer Miene, als wolle er sagen, schaut, da tut sich was. Ja, schauen Sie! Dieser Spaziergang führt Sie für drei Stunden nach Vesterbro, dem Stadtteil, der vom Sex- und Arbeiterviertel zum Szeneviertel saniert wird.

Folgen Sie also dem Blick des Märchendichters, und gehen Sie die *Vesterbrogade* stadtauswärts. Spätestens wenn Sie linker Hand den Bahnhof und die Gleise passiert haben, werden Sie merken, wie die Stimmung sich verändert. Auf der Vesterbrogade flanieren die Menschen nicht, sie erledigen ihre Einkäufe. Niemand wirbt hier mit dem internationalen Flair der Stadt, hier sind die Bewohner international. In Vesterbro leben Menschen aus allen Nationen. Das zeigt sich auch an den Auslagen der Läden und den Speisekarten der Restaurants.

STADTSPAZIERGÄNGE

Für Spaziergänger mit Kaffeedurst: Café Sommersko

Gönnen Sie sich eine erste Pause in einem Café auf dem *Vesterbro Torv*. Hier treffen sich Kopenhagener auf einen Cappuccino oder auf ein Bier. Haben Sie genug beobachtet, folgen Sie der Vesterbrogade, bis Sie an eine Kreuzung kommen, an der sich die Straße gabelt und rechts die Frederiksberg Allé abzweigt. Teil der Kreuzung ist der schmale *Værnedamsvej*, Vesterbros Delikatessenmeile. Kleine Läden verkaufen Käse, Fleisch, Obst, Gemüse und Sushi, es gibt auch eine Brasserie. Auf der linken Straßenseite stoßen Sie auf ein unauffälliges Schaufenster. Aber gehen Sie nicht daran vorbei. Ein *smørrebrød* bei *Salatbørsen* (*Værnedamsvej 9, Tel. 33 24 06 09, €*) ist ein Muss.

Zurück auf der Vesterbrogade, bleiben Sie noch auf der Hauptstraße. Wenn irgendwo ein Tor offen stehen sollte, betreten Sie ruhig einen Hinterhof der einstigen Wohnkasernen. Waren diese früher düster und trostlos, sind sie heute der Beleg für die Möglichkeiten optimaler Sanierung. Im Hinterhaus der *Vesterbrogade 112* erinnert eine Marmorplatte an Lenin, der im August 1910 anlässlich eines internationalen Kongresses hier logierte.

An der nächsten Kreuzung verlassen Sie die Vesterbrogade und biegen links in den *Vesterfælledvej* ein. Versteckt liegt hier die Siedlung *Humleby* (Hopfenstadt). Die kleinen Reihenhäuser wurden Ende des 19. Jhs. von Arbeitern der Carlsberg-Brauerei gebaut, heute sind sie vor allem bei Kopfarbeitern gefragt.

Die nächste Querstraße ist der Ny Carlsberg Vej. Rechts sehen Sie das Elefantentor, das zum Wahrzeichen der Brauerei wurde. Wer Lust auf eine einstündige Carlsbergbesichtigung mit Bierverkostung hat, folgt dem Hinweisschild auf der Kreuzung: *Carlsberg Besøgcentrum (Di–So 10–16 Uhr, Eintritt frei, Gamle Carlsbergvej 11, Tel. 33 27 13 14, www.visitcarlsberg.com, Bus 26 Valby Ålholm Plads)*.

83

Wollen Sie zurück ins Zentrum, müssen Sie in die andere Richtung durch den Park Enghaven bis zum Enghaveplads gehen. Hier beginnt Vesterbros zweite Hauptstraße: die *Istedgade*. Sie suchen die Sexshops? Dann müssen Sie bis zum Gasværksvej laufen. Im Vergleich zu Hamburg oder Amsterdam ist Kopenhagens Kiez allerdings nicht nur klein, sondern völlig harmlos.

Vielleicht werden in Vesterbro eines Tages sogar alle roten Lichter ausgehen. Sein neues Gesicht zeigt der Stadtteil auf dem *Halmtorvet* (Heumarkt), einen Steinwurf von der Istedgade entfernt. In den vergangenen Jahren wurden die düsteren Fassaden sandgestrahlt, der Platz begrünt, und wo einst das Vieh auf den Schlachter wartete, befindet sich heute Kopenhagens Kulturzentrum – die *Øksnehallen (S. 36)*. Kultur, Künstler und Kreative zieht es jetzt nach Vesterbro; Rund um den Halmtorvet eröffnen feine Restaurants und gestylte Bars. Bevor Sie ins Zentrum zurückkehren, sollten Sie sich im *Café Carlton (kein Ruhetag, Halmtorvet 14, Tel. 33 29 90 90, €–€€)* unter die Menschen mischen.

Erinnern Sie noch den Blick von Hans Christian Andersen? Womöglich hat es der Märchenerzähler geahnt: Das alte Kopenhagen wird im Westen Konkurrenz bekommen.

3 ANS ANDERE UFER ZUR NEUEN OPER

Holmen war für die Kopenhagener lange Zeit militärisches Sperrgebiet. Erst Ende des 20. Jhs. entschied sich das Verteidigungsministerium, Kasernen und Werften nördlich von Christianshavn zu räumen. Und es dauerte nicht lange, da war das frei gewordene Areal wieder besetzt: von Architekten, Kunststudenten und Immobilienspekulanten. Der zweistündige Spaziergang auf der anderen Sundseite ist ein Streifzug durch ein Neubaugebiet der besonderen Art und führt Sie vorbei an Kopenhagens jüngster Attraktion: der neuen Oper.

Bummeln Sie vom *Kongens Nytorv (S. 33)* auf der belebten Seite *Nyhavns (S. 34)* bis zum Hotel 71 Nyhavn. Hier ist der Anleger der Havnebusser 901 nach Süden und 902 nach Norden. ⚑ Von dem Anleger aus haben Sie eine schöne Aussicht auf das gegenüber liegende Ufer: im Süden die Knippelsbro, der Turm der *Vor Frelsers Kirke (S. 28)*, davor die grauen Gebäude des Außenministeriums.

Und im Norden glänzt die neue ★ ⚑ *Opera (S. 76)* mit ihrem gläsernen Bug und dem alles überspannenden Tragflächendach. Die Hafenbusse 901 und 902 bringen Sie rüber nach Holmen Nord. Passiert das Boot die Oper, sollten Sie einmal Richtung Westen schauen. Das Opernhaus liegt auf einer Linie mit der *Marmorkirken (S. 26)* und dem *Schloss Amalienborg (S. 28)*. Dies ist kein Zufall. Mit dem Standort auf der alten Werft sollte eine Verbindungsachse geschaffen werden zwischen Kirche, König und Kunst.

Bauherr des neuen Opernhauses ist der Milliardär Mærsk-Kinney Møller. Er hatte die langwierige Debatte um die Finanzierung einer neuen Oper satt und sich kurzerhand entschlossen, dem Staat eine Oper zu schenken. Kostenpunkt:

STADTSPAZIERGÄNGE

Phantasievoll bemalte Fassade im Freistaat Christiania

335 Mio. Euro. Heftig wurde in Kopenhagen gestritten, ob der Architekt Henning Larsen zu monumental geplant habe. 1400 Sitzplätze birgt das 125 m lange und 24 m hohe Gebäude. Kritiker befürchteten, der königliche Palast gegenüber würde im Schatten des Neubaus verschwinden.

Sollten Ihnen auf den Fußwegen zwischen den alten Marinebauten junge Leute mit großen Mappen entgegenkommen, so handelt es sich bestimmt um Architekturstudenten der Kunstakademie. Sie haben hier eine Menge Anschauungsmaterial. Die Hauptstraße auf Holmen, die *Danneskjold-Samsøes Allé* Richtung Christianshavn, trennt zwei Architekturepochen voneinander. An der Wasserseite befinden sich die sorgsam restaurierten historischen Marinebauten, gegenüber stehen moderne gläserne Apartmenthäuser.

Überqueren Sie die Brücke Værftsbroen, nähern Sie sich *Christianshavn (S. 38)*. Hinter dem phantasievoll bemalten Bretterzaun liegt *Christiania (S. 37)*. Mögen Sie es lieber romantisch, dann lassen Sie den Freistaat links liegen und schlendern am Kanal entlang ins Zentrum von Christianshavn. Die erste Brücke, die Sie erreichen, ist die St. Annæ Gade. Sie stehen jetzt am Fuß der Vor Frelsers Kirke. Überqueren Sie die Brücke, kommen Sie in die Wildersgade.

Bevor Sie mit dem Bus über die Knippelsbro zum Kongens Nytorv zurückfahren, schauen Sie kurz in die *Eifel Bar (Wildersgade 58)*. Auch wenn die Fassade nicht sehr einladend wirkt, sollten Sie trotzdem hineingehen. Hier treffen sich die Leute aus der Nachbarschaft: Künstler, Studenten, Regierungsbeamte und pensionierte Seefahrer. Und für den Fall, dass es Ihnen drinnen zu düster ist und die Herren am Tresen ein paar øl zu viel intus haben, bleibt Ihnen nebenan noch das *Café Wilder (S. 51)*.

Insider Tipp

85

AUSFLÜGE & TOUREN

Ans Meer und nach Malmö

Raus aus der Stadt, rein in die Stadt – in ein Fischerdorf oder ins schwedische Malmö

INS VERWUNSCHENE FISCHERDORF DRAGØR

Aufs Land, ans Meer, in ein verwunschenes Fischerdorf. Das Wunderbare: In einer halben Stunde können Sie dort sein. Ein Bus bringt Sie nach Dragør [113 D6], ein Dorf am südlichen Zipfel der Insel Amager.

Der 350S fährt alle zehn Minuten von der Station Nørreport. Hat der Bus die Knippelsbro passiert, tauchen bald links und rechts weite, grüne Wiesen auf. Nun sind Sie mitten auf *Amager,* der 65 km² großen Insel im Südosten der Hauptstadt, dem einstigen »Küchengarten Kopenhagens«. Der Name kommt daher, weil die Bauern und Fischer, die hier jahrhundertelang in beschaulichen Dörfern lebten, die Kopenhagener mit Getreide, Gemüse und frischem Fisch versorgten. Doch das ist lange her.

Kalvebod Fælled, das grüne Areal der Insel, ist dank des Einsatzes von Umweltschutzgruppen zum Naturschutzgebiet erklärt worden.

Die Øresundbrücke verbindet Dänemark mit Schweden

Da die Wiesen des Marschlandes 4 m unter dem Wasserspiegel liegen, sorgen zwei Pumpstationen dafür, dass Wanderer und Ornithologen, für die das Kalvebod Fælled ein Paradies ist, keine nassen Füße bekommen. Nach der Unterquerung der Start- und Landebahn des Kopenhagener Flughafens sind bald die ersten Strohdachhäuser von *Store Magleby* [113 D6] zu erkennen. Dieses Dorf war Hauptwohnort der Holländer, die von Christian II. im 16. Jh. ins Land geholt wurden, um die Äcker für die Kopenhagener zu bestellen. In zwei reetgedeckten Fachwerkhöfen befindet sich das *Amagermuseet,* in dem Sie mehr über das Leben der holländischen Bauern auf Amager erfahren können *(Hovedgaden 4 und 12, Mai–Sept. Di–So 12 bis 16 Uhr, Okt.–April Mi–So 12–16 Uhr, Eintritt 30 dkr).*

Insider Tipp

Hat der Bus Store Magleby verlassen, biegt er um eine scharfe Linkskurve, und Sie sind am Meer. Hinter einem Schilffeld, weit draußen in der Ostsee, können Sie die Øresundbrücke sehen. Sie ist das neue Wahrzeichen der Dänen und Schweden. Die Brücke symbolisiert das Zusammenwachsen von Schonen (Schweden) und Großkopenha-

87

gen und hat einen neuen Kultur- und Wirtschaftraum geschaffen, die Øresundregion.

Als am 1. Juli 2000 das dänische und das schwedische Königspaar die neue Verbindung zwischen Dänemark und Schweden einweihten, wurde Dragør *(www.dragoerinfo.dk)* arbeitslos. Denn vor dem Bau der Brücke war das Fischerdorf ein Fährhafen. Reisende von und nach Schweden setzten hier über den Sund. Seit dem Handschlag der Monarchen ist es damit vorbei. Im Dorf herrscht eine Ruhe wie vor 400 Jahren, als holländische Bauern hier Pfähle in den Meeresgrund rammten und an einem Pier die ersten Segler anlegten.

Endstation des 320S ist Dragør Stationspladsa. Sie überqueren die Hauptstraße, gehen ein paar Schritte Richtung Supermarkt *Brugsen* und stehen auf dem Neels Torv in der *gamle by*. Auf dem Platz gibt es eine ==winzige Bäckerei,== an der Liebhaber von dänischem Backwerk nicht vorbeigehen sollten *(Laura Ella brød & sandwich, Neels Torv 13)*.

Insider Tipp

Egal, für welche Gasse Sie sich nach der Nascherei entscheiden, irgendwie führen im Labyrinth der gelben Strohdachhäuschen alle Wege zum Hafen. Hier angekommen, werden Sie das kleine *Dragør Museum (Mai–Sept. Di–So 12–16 Uhr, Eintritt 20 dkr)* entdecken. Das 1753 erbaute Haus war ursprünglich ein Speicher, dann wurde es zum Rathaus und Sitzungsraum für die Stadtverordneten umfunktioniert. Eine Kuriosität ist der verdrehte Schornstein auf dem Dach. Nach einer Dorflegende hat sich der Schornstein deshalb verdreht, weil Unbefugte aufs Dach krabbelten und die Abgeordneten belauschten. Unter dem Dach wird die Geschichte Dragørs erzählt, als das Dorf noch ein lebendiger Fischerei- und Handelsplatz war. Besichtigen können Sie original eingerichtete Wohnstuben, außerdem Trachten und Modelle von Schiffen aus der Zeit der großen Segler.

Wollen Sie zurück zur Hauptstraße, sollten Sie unbedingt durch die enge *Strandgade* gehen. Nur wenige Schritte vom Hafen entfernt, stehen Sie vor dem ==*Dragør Kro*== *(5 Apartments, Strandsgade 30, Tel. 32 53 01 87, €€)*. Obwohl das 1721 errichtete Gebäude immer wieder restauriert wurde, hat der *Kro* den Charme seines ehrwürdiges Alters bewahren können: mit windschiefen Sprossenfenstern, schweren Türen und Deckengebälk im Gastraum und den Apartments. Sie können nicht bleiben? Dann genießen Sie zumindest ein *øl* auf der Gartenterrasse des Hotels, bevor Sie der Bus 350S wieder zurück in die Stadt bringt.

Insider Tipp

SEEN IM SPECKGÜRTEL

Kopenhagen und Wasser, da fällt einem sofort das Meer, die Ostsee, ein. Die wunderschöne Landschaft im Norden Kopenhagens mit ihren Seen, Bächen und Wäldern steht nur bei wenigen Touristen auf dem Programm. So ist Frederiksdal, 10 km nördlich von Kopenhagen, vor allem ein beliebtes Ausflugsziel der Kopenhagener. Sie können dort Kanu oder Schiff fahren, spazieren gehen oder schwimmen. Packen

AUSFLÜGE & TOUREN

Im Dragør Museum erfahren Sie alles über das Fischerdorf

Sie den Picknickkorb und eine Decke ein. Und Badesachen sowie Mückenöl nicht vergessen!

Steigen Sie in die S-Bahn-Linie A (blau), B (grün) oder E (violett) Richtung Hillerød oder Holte, und fahren Sie bis Lyngby **[112 C4]**. Die Züge verkehren von jedem S-Bahnhof in der City. Nach gut 20 Minuten sind Sie in Lyngby, hier geht es weiter mit der Buslinie 191. Die vielen Bushaltestellen vor dem S-Bahnhof Lyngby sind etwas verwirrend. Achten Sie auf die Anzeigetafel am Bahnhofsausgang.

In Lyngby und dem nördlichen Speckgürtel der Stadt wohnen die wohlhabenden Kopenhagener. Außerhalb der Hauptstadt zahlt man weniger Steuern und kann trotzdem in Kopenhagen arbeiten. Der Bus fährt im verkehrsberuhigten Stadtviertel an schmucken Häusern mit akkurat gestutzten Hecken und Villen inmitten angelegter Parks vorbei.

Erreicht der Bus die Station Frederiksdal, müssen Sie aussteigen. Da die Haltestellen nicht immer angesagt werden, sollten Sie den Fahrer bitten, Ihnen Bescheid zu sagen.

Der Bus hält im Tal, 200 m hinter einer Schleuse. Von hier aus haben Sie mehrere Möglichkeiten: Sie gehen zurück zur Schleuse, mieten sich ein Ruderboot oder Kanu und erkunden die Landschaft mit dem Paddel. Oder Sie verschaffen sich vor einer Bootstour erst einmal einen Überblick. Dazu passieren Sie die Straße und spazieren einen schmalen, asphaltierten Wander- und Fahrradweg bis zum Naturseebad *Frederiksdal Fribad* (Eintritt und Benutzung der Umkleidekabinen frei). **Insider Tipp**

Vor Ihnen liegt der See *Furesø*. Ein schmaler Kanal namens *Mølleå* verbindet ihn mit zwei kleineren Seen im Süden, den *Bagsværd Sø* und *Lyngby Sø*. Die Seen sind umgeben von Wäldern und Wiesen.

89

Wenn Sie über die kleine Holzbrücke westlich der Badeanstalt gehen, werden Sie am Seeufer sicher einen lauschigen Platz für Ihr Picknick finden (hier kommt das Mückenöl zum Einsatz!).

Durch den Buchenwald führen Wege zurück zum Bootsverleih *(Bådudlejning, Mai–Sept. Di–So 10 bis 20 Uhr, Kanu für 2–3 Personen 1 Std. 100 dkr, 3 Std. 180 dkr, einen Tag 320 dkr, Tel. 45 85 67 70).* Sollten Sie ein Kanu mieten, bekommen Sie eine Schwimmweste in die Hand gedrückt, und das mit gutem Grund. Manch einer hat schon seine Paddelkünste überschätzt und mit Wind und Wellen auf dem Furesø zu kämpfen gehabt.

Falls Sie ungeübt sind, sollten Sie sich mit einer Tour bis zum Lyngby Sø oder Bagsværd Sø begnügen. Da Schleusen den Höhenunterschied der Mølleå ausgleichen, müssen Sie Ihr Kanu aus dem Wasser heben und um die Schleusenanlagen herumtragen.

Wer es beschaulicher liebt und weniger sportlich ist, kann sich auch über die Seen fahren lassen. *Insider Tipp:* Seit 1894 legen die ==Ausflugsschiffe== der *Baadfarten* in Frederiksdal an und ab *(Mai–Sept. Di–So, etwa alle 90 Minuten, Tagesticket 90 dkr, www.baadfarten.dk).* Die einst mit Dampf betriebenen Holzboote schippern noch heute, allerdings mit Dieselmotoren, über die Seenplatte.

Insider Tipp: Auf einer Anhöhe über dem Bootshafen liegt ==*De Gamle Have.*== Dieser alte Garten ist eher ein Rastplatz als ein Gartenlokal. Sie können hier zwischen alten Gewächshäusern auf Holzbänken sitzen, mit einem herrlichen Blick in das Tal der Mølleå. Und Sie dürfen in dem alten Garten Ihren mitgebrachten Proviant auspacken, wenn Sie Getränke dazu kaufen. Auf dem Gelände haben Archäologen Spuren einer alten Mühle gefunden. Zudem entdeckten sie Reste des Sommerhauses von Frederik III. (1609–70). Nach ihm wurde das Tal benannt.

Zurück nach Kopenhagen fahren Sie nicht wieder über die S-Bahn-Station Lyngby, sondern weiter mit der Linie 191 nach *Sorgenfri.* Bevor Sie hier in die S-Bahn steigen, lohnt sich ein Besuch des *Frilandsmuseet (3. April–Sept. Di bis So 10–17 Uhr, 1. Okt.–17. Okt. tgl. 10–16 Uhr, Eintritt 25 dkr, Kongevejen 100, www.natmus.dk).*

Dieses Freilichtmuseum ist das älteste und größte der Welt. In einer wundervoll angelegten Landschaft stehen Bauernhäuser aus Südschweden, Norddeutschland und den verschiedenen Regionen Dänemarks. Jeden Tag gibt es in den Bauernhäusern und historischen Werkstätten Sonderveranstaltungen.

Der Haupteingang des Museums ist etwa 500 m von der S-Bahn-Station Sorgenfri entfernt.

SCHWEDEN SCHNUPPERN

Noch heute sagen die Schweden, wenn sie Richtung Süden fahren, sie reisen auf den Kontinent. Dabei ist die Reise seit der Eröffnung der Øresundbrücke ein Katzensprung. 35 Zugminuten liegen zwischen Malmö [113 F6] und Kopenhagen. Vom Hauptbahnhof fahren die Züge nach Malmö alle 20 Minuten. Das Øresundbillet, eine Rückfahrkarte, kostet 142 dkr.

AUSFLÜGE & TOUREN

Während Autofahrer eine stattliche Brückengebühr bezahlen müssen, bekommen Bahnreisende den phantastischen Blick von der Brücke auf den Øresund gratis. Malmøs Skyline hingegen ist unauffällig – bis auf einen Turm, der wie ein riesiger grauer Dübel in den Himmel ragt. Der Apartmentriese *Turning Torso* wurde vom spanischen Architekten Santiago Calatrava konzipiert. Er ist mit 190 m das höchste Gebäude Schwedens.

Am Malmöer Bahnhof können Sie in der *Turistinformation (Ausgang Skeppsbroen, Mai–Sept. Mo–Fr 9–18, Sa–So 10–15 Uhr, Okt.–April Mo–Fr 9–17, Sa–So 10–14 Uhr, www.malmo.se/turist)* kostenlos einen Stadtplan mit Infos in deutscher Sprache bekommen.

Das Herz der drittgrößten Stadt Schwedens (270 000 Ew.) ist eine Insel; das Zentrum wird von einem Kanal umschlungen. Mögen Sie es beschaulich, dann gehen Sie gegenüber dem Bahnhof an Bord und lassen sich für 75 skr (8 Euro) durch die Stadt schippern *(Rundan Kanalboote, Mai–Sept. tgl., Dauer 45 Min., www.rundan.se)*.

Folgen Sie zu Fuß dem Hinweis Zentrum, erreichen Sie den *Stortorget*. Er wurde im 16. Jh. angelegt und war lange Zeit der größte Stadtmarkt Nordeuropas. Inmitten parkender Autos steht die Reiterstatue von König Karl X. Gustav. Ihm haben es die Schweden zu verdanken, dass ihre südliche Provinz Schonen und so auch Malmö seit dem 17 Jh. nicht mehr zum dänischen Königreich gehört.

Direkt an den Stortorget grenzt der *Lilla Torg*, der beliebteste Treffpunkt in Malmö. Im Winter vergnügen sich hier Jung und Alt auf einer künstlichen Eisbahn; im Sommer verwandelt sich der Platz in eine mediterrane Piazza. Sollte es die Sonne nicht gut meinen, stellen die Wirte Heizstrahler raus. Nicht versäumen sollten Sie das *Form/Design Center*. Es liegt etwas versteckt in einem Lagerhaus aus dem 19. Jh. direkt am Lilla Torg. Wechselnde Ausstellungen zeigen skandinavisches Design, nordische Architektur und schwedisches Kunstgewerbe *(Hedmanska Gården, Di–Fr 11 bis 17, Do 11–18, Sa–So 11–16 Uhr, Eintritt frei, www.formdesigncenter.com)*.

Verlassen Sie den Lilla Torg durch die *Skomagergatan*, eine Fußgängergasse mit kleinen Läden, die garantiert Schwedisches im Fenster haben – wie die Boutique von *Gudrun Sjödén*. Die Designerin kreiert Kleider mit bäuerlichen Schnitten aus derb gewebter Baumwolle und kombiniert sie mit Samt, Seide und feiner Spitze *(Skomagergatan 12, www.gudrunsjoden.com)*. Sie finden hier auch Accessoires wie Handschuhe, Schals und Mützen oder Mitbringsel wie ein schlichtes Handtuch in skandinavischem Design. Oder wollen Sie lieber etwas Süßes mit auf den Kontinent nehmen? Im *Five O'clock te handel (Skomagergatan 1)* gibt es köstliche Kekse, Konfitüren und Pralinen.

Sollte Ihnen neben Schlendern und Shoppen der Sinn nach schwedischer Kulturgeschichte stehen, dann finden Sie nahezu alle Malmöer Museen rund um das *Schloss Malmöhus*, das größte Renaissanceschloss des Nordens *(Sept.–Mai tgl. 12–16 Uhr, Juni–Aug. tgl. 10–16 Uhr, Eintritt 40 skr, Malmöhusvägen, www.malmo.se/museer)*.

Angesagt!

**Events, Meetings und Aktionen,
die Sie kennen und nicht verpassen sollten!**

Pause im Park
Scheint die Sonne, liegen die Kopenhagener gern im Park – egal ob mit Krawatte oder Kinderwagen. Parkprofis nehmen sich Sandwiches und Kaffee im Pappbecher mit auf die Wiese. Angesagt als Pausenpark in der City ist der *Rosenborg Have*. Am Vormittag gibt's dort Gratismusik, wenn auf dem benachbarten Kasernenhof die königliche Leibgarde den Marsch probt.

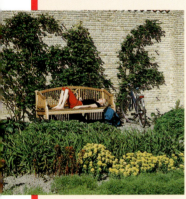

Treffen am Torv
Jeder Stadtteil in Kopenhagen hat seinen Torv. Diese Plätze sind keine verkehrsreichen Knotenpunkte, sondern Orte, an denen die Kopenhagener sich treffen. Es gibt dort mindestens ein Café. Jüngster Torv in der City ist der *Amagertorv*. Im Sommer ist der *Storkespringvandet* (Storchenspringbrunnen) von flirtender Jugend belagert. Auf dem *Gråbrødretorv* geht es dagegen besinnlicher zu. Hier wird unter der Platane gern gelesen. Rund um den Brunnen auf dem *Gammeltorv* genießen durstige Männer gelegentlich ein Bier zu viel. In Nørrebro heißt es am *Skt. Hans Torv*, in Vesterbro am *Halmtorvet* Sehen und Gesehenwerden.

Baden im Hafen
Im Sommer tobt das Leben in den Bassins und Bars am künstlichen Hafenstrand. Schwimmen und Sonnen unter Palmen mitten im Stadtzentrum: Am 1. Juni beginnt die Saison in den Hafenbädern bei *Islands Brygge* **[110 C5]** und am *Fisketorvet/Kalvedbod Brygge* **[110 A6]**. Das Wasser soll ostseeähnliche Qualität haben – sagen die Gesundheitsämter.

Open-Air-Vergnügen
Die Kopenhagener lieben Picknicke im Park mit Livemusik. Jedes Wochenende findet im Sommer in *Fælledparken* ein kostenloses Open-Air-Konzert statt. Wer keinen Picknickkorb dabeihat, kann an einem Pavillon Snacks und Kaffee kaufen – und sogar Decken ausleihen. Blues, Folk, Rock, Salsa oder Jazz wird in der Regel bis 22 Uhr gespielt. Und danach heißt es: abtanzen bis zum Morgengrauen.

PRAKTISCHE HINWEISE

Von Anreise bis Zoll

Hier finden Sie kurz gefasst die wichtigsten Adressen und Informationen für Ihre Kopenhagenreise

ANREISE

Auto
Autofahrer müssen sich in Hamburg entscheiden. Entweder wählen Sie den Landweg: E 45 Richtung Norden, E 20 über Fünen, die Store-Bælt-Brücke nach Kopenhagen. Oder den Seeweg: E 22/E 47 bis Puttgarden, mit der Fähre (Vogelfluglinie) nach Rædby Havn (evtl. Wartezeit/keine Reservierung möglich, Fahrzeit 50 Minuten), E 47 nach Kopenhagen. Autofahrer, die aus dem Osten Deutschlands anreisen: Fähre von Rostock/Warnemünde–Gedser (Fahrzeit: 2 Stunden), E 55/E 47 nach Kopenhagen.

Bahn
Alle Bahnreisenden, auch die aus dem Osten Deutschlands, fahren über Hamburg und die Vogelfluglinie (Eisenbahnfähre Puttgarden–Rødby) nach Kopenhagen. Fahrzeit ab Hamburg: viereinhalb Stunden. Die Bahn bietet unterschiedliche Tarife an (ab Hamburg hin und zurück 65–130 Euro, ab München hin und zurück 142–285 Euro).

Flugzeug
Der Flughafen Kopenhagen-Kastrup [113 D6] ist ganzjährig von vielen deutschen Städten zu erreichen. SAS und Lufthansa bieten Linienflüge zu Sondertarifen an. Wochenendtarif ab Hamburg 130 Euro, ab München 150 Euro. Der Billigflieger Easy Jet bietet Flüge für 50 Euro ab Berlin. Grundsätzlich gilt: Wer früh bucht, fliegt billig. Weiterfahrt in die Stadt mit der Bahn (alle halbe Stunde, Preis 26,60 dkr, ca. 10 Minuten), oder mit dem Bus 250S ab Terminal 2 und 3. Ein Taxi ins Zentrum kostet 150 bis 200 dkr.

AUSKUNFT

Turistcenter
Copenhagen Right Now [110 A3]
Stadtpläne, Zimmervermittlung, Tickets etc. *Sept.–April Mo–Fr 9–16, Sa 9–14 Uhr; Mai–Juni Mo–Sa 9–18 Uhr; Juli–Aug. Mo–Sa 9–20, So 10 bis 18 Uhr; Vesterbrogade 4 A, DK-1577 København, Tel. 0045/ 70 22 24 42, Fax 70 22 24 52, www.visitcopenhagen.dk*

Use it [110 B3]
Für alle unter 30. Use it vermittelt preiswerte Unterkünfte. Hier kann man kostenlos den Rucksack abstellen und Mails lesen. *Rådhusstræde 13, DK-1466 København, Tel. 0045/33 73 06 20, www.useit.dk*

Visit Denmark
(zuständig auch für Österreich und die Schweiz), *Glockengießerwall 2,*

20095 Hamburg, Tel. 040/ 32 02 10, Fax 32 02 11 11, www.visitcopenhagen.dk *(dänisch/englisch)*

AUTO

Tempolimit auf Autobahnen 110 km/h, auf einigen darf man 130 km/h fahren, auf Landstraßen 80 km/h, in Ortschaften 50 km/h. Wer schneller fährt und erwischt wird, zahlt auf der Stelle bar oder mit Kreditkarte (auf der Autobahn kosten 30 km/h zu schnell 1150 dkr Bußgeld). Die Promillegrenze liegt bei 0,5. Ganzjährige Lichtpflicht! Parkplätze sind knapp. In der Altstadt heißt es: Wer parkt, zahlt. Das Zentrum ist in drei gebührenpflichtige Parkzonen unterteilt: rote Zone 20 dkr/h, grüne Zone 12 dkr /h, blaue Zone 7 dkr/h. Parkscheine gibt es am *Parkomat.* Falschparker zahlen 510 dkr. Die Kopenhagener Polizei schreibt rigoros auf!

BANKEN & GELDWECHSEL

Öffnungszeiten der Banken und Sparkassen: Mo–Mi und Fr 10 bis 16, Do 10–18 Uhr. Gegen eine Gebühr (mindestens 22 dkr) kann mit der EC- oder Kreditkarte an zahlreichen Geldautomaten *Kontant* Geld abgehoben werden. Wer Bares tauscht, muss eine Gebühr bis zu 50 dkr zahlen. Es ist billiger, in Kopenhagen mit der Kreditkarte zu bezahlen, als bereits in Deutschland Bargeld zu tauschen.

COPENHAGEN CARD

Die Copenhagen Card City gilt 24 Stunden *(Preis: 199 dkr)* oder 72 Stunden *(429 dkr)* und erlaubt

---

www.marcopolo.de

Im Internet auf Reisen gehen

Mit über 10 000 Tipps zu den beliebtesten Reisezielen ist MARCO POLO auch im Internet vertreten. Sie wollen nach Paris, auf die Kanaren oder ins australische Outback? Per Mausklick erfahren Sie unter www.marcopolo.de Wissenswertes über Ihr Reiseziel. Zusätzlich zu den Informationen aus den Reiseführern bieten wir Ihnen online:

- das *Reise Journal* mit aktuellen News, Artikeln, Reportagen
- den *Reise Service* mit Routenplaner, Währungsrechner und Compact Guides
- den *Reise Markt* mit Angeboten unserer Partner rund um das Thema Urlaub

Es lohnt sich vorbeizuschauen: Wöchentlich aktualisiert, gibt es immer wieder Neues zu entdecken. Bleiben Sie auf dem Laufenden mit unserem E-Mail-Newsletter, den Sie kostenlos abonnieren können!

PRAKTISCHE HINWEISE

€	DKK	DKK	€
1	7,46	1	0,13
2	14,92	5	0,67
5	37,31	20	2,68
8	59,70	60	8,04
10	74,63	100	13,40
15	111,94	300	40,20
30	223,89	400	53,60
50	373,15	700	93,80
100	746,30	800	107,20

freien Eintritt in mehr als 60 Museen und Attraktionen in Kopenhagen und Umgebung (z. B. Tivoli, Statens Museum for Kunst). Zusätzlich können die öffentlichen Verkehrsmittel kostenlos benutzt werden. Beide Karten sind in Hotels, am Hauptbahnhof, bei der Touristinformation und am Flughafen erhältlich.

DIPLOMATISCHE VERTRETUNGEN

Deutsche Botschaft [106 C5]
Stockholmsgade 57, Tel. 35 45 99 00, Fax 35 26 71 05, www.kopenhagen.diplo.de

Österreichische Botschaft [113 D5]
Sølundsvej 1, Tel. 39 29 41 41, Fax 39 29 20 86

Schweizer Botschaft [111 E1]
Amaliegade 14, Tel. 33 14 17 96, Fax 33 33 75 51

FAHRRADVERMIETUNG

City Bike
In der Innenstadt können von Mai bis Dezember an 110 Fahrradstationen gegen einen Pfandeinwurf von 20 dkr *City Bikes* geliehen werden. Mit den Bikes darf nur in der City geradelt werden. Für längere Strecken sind sie auch zu unbequem. Infos: *www.bycyklen.dk*

Dan Wheel [109 F4]
Colbjørnsensgade 3, Tel. 31 21 22 27

Københavns Cykelbørs [110 B1]
Gothergade 157, Tel. 33 14 07 17, info@cykelboersen.dk

Københavns Cykler [110 A4]
Am Hauptbahnhof, Tel. 33 33 86 13, www.rentabike.dk

FUNDBÜROS

Bahn: *DSB Information, tgl. 7–23 Uhr, Tel. 70 13 14 15,* Bus: *HUR Servicecenter, tgl. 7–21.30 Uhr, Tel. 36 13 14 15,* Flughafen: *tgl. 6 bis 23.30 Uhr, Tel. 32 31 23 60,* Metro: *Mo–Fr 8–16 Uhr, Tel. 70 15 16 15*

GESUNDHEIT

Gesetzlich Versicherte werden gegen Vorlage eines EU-Krankenscheins kostenlos versorgt. Bei Zahnbehandlungen und Medikamenten wird eine Eigenbeteiligung verlangt. Schweizer müssen die medizinische Betreuung bar bezahlen. Tag und Nacht ist die Apotheke am Hauptbahnhof geöffnet *(Vesterbrogade 6c, Tel. 33 14 82 66).*

INTERNET

Viele Websites sind zweisprachig, meist Dänisch/Englisch. Infos über Restaurants, Veranstaltungen etc. unter *www.aok.dk* (dänisch/englisch), Infos über aktuelle Veranstaltungen sowie Hotels, Restaurants,

Museen etc. unter *www.ctw.dk* (englisch). Übersichtlich und informativ ist die offizielle Website der Kopenhagener Touristinformation: *www.visitcopenhagen.dk* (dänisch/englisch).

INTERNETCAFÉS

Cyber Space [106 A3]
25 Plätze, 24 Stunden geöffnet, Jagtvej 55, Tel. 35 83 11 45

Boomtwon Netcafé [110 A1]
24 Stunden geöffnet, Axeltorv 1–3, Tel. 33 32 10 32, www.boomtown.net

KLIMA & REISEZEIT

Kopenhagen liegt am Meer, also kann sich das Wetter schnell ändern. In der Stadt weht immer ein Lüftchen. Beste Reisezeit ist Juni bis August. Dann versprechen Meteorologen Durchschnittstemperaturen von 20 bis 22 Grad und den geringsten Niederschlag. Die Winter in Kopenhagen können knackig kalt sein, doch mit Schal, Mütze und Handschuhen durch das vorweihnachtliche Kopenhagen zu schlendern ist märchenhaft schön.

NOTRUF

Tel. 112

ÖFFENTLICHE VERKEHRSMITTEL

Der öffentliche Nahverkehr in Kopenhagen ist perfekt geregelt. Egal ob Bus, Bahn, Metro oder Hafenbusse – das Prinzip ist einfach: ein Ticket für die ganze Stadt. Großkopenhagen ist in Tarifzonen unterteilt, nach denen sich der Fahrpreis berechnet. Der Einzelfahrschein für zwei Tarifzonen – die Innenstadt – kostet 17 dkr. Billiger ist die Fahrt mit einer *klippekort,* einer Streifenkarte für zehn Fahrten, die im Bus oder auf dem Bahnsteig in einem Automaten zu entwerten ist. Sie kostet für zwei Zonen 110 dkr. Einzelfahrscheine sowie *klippekort* gibt es beim Busfahrer, am Automaten in den Bahnhöfen oder im Ticketshop auf dem Rathausplatz. Übrigens: Schwarzfahren wird mit 500 dkr geahndet.

Die S-Bahn-Linien sind farbig und mit Buchstaben gekennzeichnet. Sie verkehren tagsüber im 20-Minuten-Takt. Die Havnebusser sind die gelben Schiffe, die im Hafensund zwischen der City und Christianshavn/Holmen verkehren (6–19 Uhr alle 30 Minuten). Die Metro fährt täglich zwischen 5 Uhr morgens und 1 Uhr nachts, während des Berufsverkehrs alle 3 bis 6 Minuten. Am Wochenende fahren auch Nachtzüge.

ÖFFNUNGSZEITEN

Die meisten Besitzer der Einzelhandelsgeschäfte in der City haben sich auf folgende Zeiten verständigt: *Mo–Mi 10–18 oder 19 Uhr, Do und Fr 10–20 Uhr, Sa 10–13 oder 14 Uhr.* Restaurants sind meist von 11 bis 15 Uhr für die *frokost* geöffnet. *Middag* wird ab 18 Uhr serviert, die Küche schließt schon gegen 22 Uhr.

POST

Hauptbahnhof [110 A4]: *Mo–Fr 8 bis 21, Sa 9–16, So 10–16 Uhr;* Citypostamt [110 C2]: *Købmagergade 33, Mo–Fr 10–17.30, Sa 9–14*

PRAKTISCHE HINWEISE

Uhr. Porto für einen Brief oder eine Postkarte: 6,50 dkr.

PREISE & WÄHRUNG

Das Leben in Kopenhagen ist teuer. Im europäischen Städtevergleich konkurriert die dänische Hauptstadt mit London und Paris. Offizielles Zahlungsmittel ist die dänische Krone, der Umrechnungskurs beträgt etwa 1 : 8.

STADTRUNDFAHRTEN

Viele Führungen sind mehrsprachig, meist auf Englisch, es gibt aber auch deutschsprachige Fahrten.

Busrundfahrten
Sie starten am Rathaus unter den Lurenbläsern [110 B3]. Angeboten werden lange und kurze Touren in Doppeldeckerbussen. Infos: *Touristinformation, www.cex.dk* oder *www.sightseeing.dk*

Fahrradtouren
Sie können entweder selber in die Pedale treten oder sich bequem in einer Rikscha kutschieren lassen. *City Safari (Tel. 33 23 94 90, www.citysafari.dk)* bietet eine Reihe von Touren an, individuelle Tourwünsche erfüllt *Rickshaw (Tel. 35 43 01 22, www.rickshaw.dk)*.

Kajaktouren
In wasserdichten Anzügen im unsinkbaren Kajak durch Kopenhagens Wasserstraßen paddeln. *Hafenkajaks, Tel. 40 50 40 06, www.kajakole.dk*

Kanalfahrten
Start am Nyhavn [111 D2] oder Gammle Strand [110 C3], Dauer ca.

Was kostet wie viel?

Taxi	**ab 6 Euro** für eine Fahrt in der Innenstadt
Cappuccino	**ab 3 Euro** für eine Tasse im Café
Snack	**ab 5 Euro** für ein smørrebrød
Bier	**ab 4,50 Euro** für 0,4 l vom Fass
Tivoli	**8,50 Euro** Eintritt
Museum	**ab 5,50 Euro** für ein Ticket

1 Stunde. *Tel. 32 96 30 00, www.canaltours.dk*

Stadtführungen
Statt der klassischen Sehenswürdigkeiten Cafés, Geschäfte, Hinterhöfe entdecken. Anmeldung erforderlich unter *Tel. 26 95 54 74, www.cphcool.dk*.

Stadtwanderungen
Spaziergänge durch verschiedene Stadtteile. Voranmeldung notwendig unter *Tel. 33 46 46 46, www.meetthedanes.dk*.

TAXEN

Freie Wagen sind an dem grünen Display mit der Aufschrift FRI zu erkennen. Die meisten Fahrer sprechen Englisch oder Deutsch. *København Taxi (Tel. 35 35 35 35), Radio/Codan Bilen (Tel. 70 25 25 25), Hovedstadens Taxi (Tel. 38 77 77 77)*

TELEFON & HANDY

Öffentliche Telefonzellen akzeptieren Münzen oder Telefonkarten (gibt es bei Postämtern und am Kiosk). Von jeder Telefonzelle kann man Auslandsgespräche führen, doch auch wenn keine Verbindung zu Stande kommt, gibt es das eingeworfene Geld nicht zurück. Ein Rückruf an öffentlichen Telefonen ist möglich (die Nummer steht am Telefongehäuse).

Das Benutzen von Mobiltelefonen ist problemlos. Die Netzbetreiber melden sich per SMS und erklären, wie die Mailbox abzuhören ist.

Die Vorwahl von Deutschland, Österreich und der Schweiz nach Kopenhagen ist 0045, von Kopenhagen nach Deutschland 0049, nach Österreich 0043 und in die Schweiz 0041.

TRINKGELDER

Offiziell ist der Service im Preis enthalten, doch auch Kopenhagens Kellner, Taxifahrer und andere nette Menschen freuen sich über ein Trinkgeld.

ZEITUNGEN

Internationale Presse ist zum Beispiel am Hauptbahnhof und auf dem Rathausmarkt erhältlich.

ZOLL

Es gelten die gleichen Einfuhrbestimmungen wie in den anderen EU-Staaten: 10 l Spirituosen, 20 l alkoholische Getränke mit einem Alkoholgehalt von bis zu 22 %, 90 l Wein, 110 l Bier. Tabak: 800 Zigaretten, 400 Zigarillos, 200 Zigarren.

Wetter in Kopenhagen

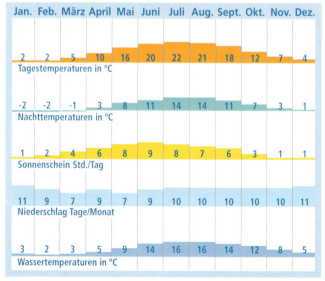

SPRACHFÜHRER DÄNISCH

Taler du dansk?

»Sprichst du Dänisch?«
Dieser Sprachführer hilft Ihnen, die wichtigsten
Wörter und Sätze auf Dänisch zu sagen

> Zur Erleichterung der Aussprache sind alle dänischen Wörter mit einer einfachen Aussprache (in eckigen Klammern) versehen.

AUF EINEN BLICK

Ja./Nein./Vielleicht.	Ja. [ja]/Nej. [nei]/Måske. [moskeh]
Bitte.	Vær så venlig. [wär so wännli]
	Vær så god. [wärs' goh]
Danke.	Tak. [tack]
Vielen Dank!	Mange tak. [mange tack]
Gern geschehen.	Det var så lidt. [deh war so litt]
Entschuldigung!	Undskyld! [unnsküll]
Wie bitte?	Hvad behager? [wa behar]
Ich verstehe Sie/dich nicht.	Jeg forstår Dem/dig ikke. [jei forstohr dämm igge]
Ich spreche nur wenig …	Jeg taler kun lidt … [jei täler kunn litt]
Können Sie mir bitte helfen?	Undskyld, kan De hjælpe mig? [unnsküll, kann die jälpe mei]
Ich möchte …	Jeg vil gerne … [jei will gärne]
Das gefällt mir (nicht).	Det kan jeg (ikke) lide. [deh kann jei (igge) lie]
Haben Sie …?	Har De …? [har die]
Wie viel kostet es?	Hvad koster det? [wa koster deh]
Wie viel Uhr ist es?	Hvad er klokken? [wa är kloggen]

KENNENLERNEN

Guten Morgen!	God morgen! [goh morn]
Guten Tag!	Goddag! [goh däh]
Guten Abend!	God aften! [goh aften]
Hallo! Grüß dich!	Hallo!/Hej! Dav! [halloh/hei/dau]
Mein Name ist …	Mit navn er … [mit naun är]
Wie ist Ihr Name, bitte?	Undskyld, hvad er Deres navn? [unnsküll, wa är däres naun]
Wie geht es Ihnen?	Hvordan har De det? [wordann har die deh]
Danke. Und Ihnen/dir?	Godt, tak. Hvad med Dem/dig?

	[gott tack. Wa med dämm/dei]
Auf Wiedersehen!	Farvel! [fahrwäll]
Bis morgen!	Vi ses i morgen! [wi sehs i morn]

UNTERWEGS

Auskunft
links/rechts	venstre/højre [wänstre/heure]
geradeaus	lige ud [lie ud]
nah/weit	tæt/fjernt [tätt/fjärnt]
Bitte, wo ist …	Undskyld, hvor er … [unnsküll, wor är]
… der Bahnhof?	… banegården? [bähnegohren]
… die U-Bahn?	… S-toget? [äss-touet]
… der Flughafen?	… lufthavnen? [lufthaunen]
Wie weit ist das?	Hvor langt er der? [wor langt är der]

Panne
Ich habe eine Panne.	Jeg har en skade på bilen. [jei hahr en skähde po bielen]
Würden Sie mir bitte einen Abschleppwagen schicken?	Vil De være venlig at sende mig en kranvogn? [will die währe wännli att sänne mei en krahnwoun]
Wo ist hier in der Nähe eine Werkstatt?	Hvor er der et værksted? [wor är der et wärksted]

Tankstelle
Wo ist bitte die nächste Tankstelle?	Undskyld, hvor er den nærmeste tankstation? [unnsküll, wor är den närmeste tankstaschohn]
Ich möchte … Liter …	Jeg vil gerne have … liter … [jei will gärne häh … liter]
… Normalbenzin.	… oktan 93. [oktähn tre-ou-hallfämms]
… Super.	… oktan 95/98. [oktähn fem-ou-hallfämms/ohde-ou-hallfämms]
… Diesel.	… diesel. [diesel]
… bleifrei/verbleit.	… blyfri/blyholdig. [blühfrie/blühholldig]
… mit … Oktan.	… med … oktan. [med … oktähn]
Voll tanken, bitte.	Vær venlig at fylde helt op. [währ wännli att fülle hehlt opp]

Unfall
Hilfe!	Hjælp! [jälp]
Vorsicht!	Pas på [pas poh]
Rufen Sie bitte schnell …	Tilkald hurtigt … [tillkall hurdit]
… einen Krankenwagen.	… en ambulance. [en ambulangse]
… die Polizei.	… politiet. [politiet]
… die Feuerwehr.	… brandvæsenet. [brannwähsnet]

SPRACHFÜHRER DÄNISCH

Es war meine/Ihre Schuld. | Det var min/Deres skyld.
[de war mien/dähres sküll]

Geben Sie mir bitte Ihren Namen und Ihre Anschrift. | Vær venlig at give mig Deres navn og adresse. [währ wännli att gie mei dähres naun ou adrässe]

ESSEN/UNTERHALTUNG

Wo gibt es hier ein gutes Restaurant? | Hvor er der en god restaurant?
[wor är der en goh resdaurang]

Gibt es hier eine gemütliche Kneipe? | Er der et hyggeligt værtshus?
[är der et hüggelit wärtshus]

Reservieren Sie uns bitte für heute Abend einen Tisch für vier Personen. | Vil De være venlig at reservere et bord til i aften til fire personer.
[will die währe wännli att reserwehre et bohr till i afften till fier personher]

Auf Ihr Wohl! | Skål! [skohl]
Bezahlen, bitte. | Jeg vil gerne betale. [jei will gärne betähle]
Wo kann man hier tanzen gehen? | Hvor kan man gå hen at danse?
[wor kann mann goh hänn att danse]

EINKAUFEN

Wo finde ich ... | Hvor finder jeg ... [wor finner jei]
   ... eine Apotheke? | ... et apotek? [et apotek]
   ... eine Bäckerei? | ... et bageri? [et bäjerie]
   ... einen Supermarkt? | ... et supermarket? [et supermarket]
   ... ein Kaufhaus? | ... et varehus? [et wahrehuhs]
   ... ein Lebensmittelgeschäft? | ... en købmand? [en köbmänn]
   ... einen Markt? | ... torvet? [torwet]

ÜBERNACHTUNG

Können Sie mir bitte ... empfehlen? | Kunne De anbefale mig ...
[kunne die anbefähle mei]
   ... ein gutes Hotel ... | ... et godt hotel? [et gott hotel]
   ... eine Pension ... | ... en pension? [en pangschon]
Ich habe bei Ihnen ein Zimmer reserviert. | Jeg har reserveret et værelse her.
[jei hahr reserwehret et währelse her]
Haben Sie noch Zimmer frei? | Har De ledige værelser?
[hahr die ledige währelser]
   ein Einzelzimmer | et enkeltværelse [et enkeltwährelse]
   ein Doppelzimmer | et dobbeltværelse [et dobbeltwährelse]
   mit Dusche/Bad | med brusebad/bad
[med bruhsebad/bad]
   für eine Nacht | for en nat [for en natt]
   für eine Woche | for en uge [for en uhe]

Was kostet das Zimmer mit …	Hvad koster værelset med … [wa koster währelset med]
… Frühstück?	… morgenmad? [mornmäd]
… Halbpension?	… halvpension? [hällpangschohn]

PRAKTISCHE INFORMATIONEN

Arzt

Können Sie mir einen guten Arzt empfehlen?	Kan De anbefale mig en god læge? [kann die anbefähle mei en goh lähje]
Ich habe hier Schmerzen.	Jeg har ondt her. [jei hahr onnt her]

Bank

Wo ist hier bitte eine Bank?	Undskyld, hvor er der en bank? [onnsküll, wor är der en bank]
… eine Wechselstube?	… et vekselkontor? [et wäkselkontohr]
Ich möchte … Euro (Schweizer Franken) in Kronen umwechseln.	Jeg vil gerne veksle euro (schweizerfrancs) til kroner. [jei will gärne wäksle euro (schweizerfrancs) till kroner]

Post

Was kostet …	Hvad koster … [wa koster]
… ein Brief…	… et brev… [et brew]
… eine Postkarte…	… et postkort… [et postkort]
… nach Deutschland?	… til Tyskland? [till tüsklann]

ZAHLEN

0	nul [null]	18	ätten [ätten]
1	en [ehn]	19	nitten [nitten]
2	to [toh]	20	tyve [tühwe]
3	tre [treh]	21	enogtyve [ehn-ou-tühwe]
4	fire [fier]	22	toogtyve [toh-ou-tühwe]
5	fem [fämm]	30	tredive [trähdwe]
6	seks [säks]	40	fyrre [föhrre]
7	syv [süw]	50	halvtreds [hällträss]
8	otte [ohde]	60	tres [träss]
9	ni [nie]	70	halvfjerds [hällfjährs]
10	ti [tie]	80	firs [fiers]
11	elleve [älwe]	90	halvfems [hällfämms]
12	tolv [toll]	100	et hundrede [et hunnrede]
13	tretten [trätten]	200	to hundrede [toh hunnrede]
14	fjorten [fjohrten]	1000	et tusinde [et tuhsinn]
15	femten [fämmten]	10 000	ti tusinde [tie tuhsinn]
16	seksten [seisten]	1/2	en halv [en hall]
17	sytten [sütten]	1/4	en kvart [en kwart]

CITYATLAS

Cityatlas Kopenhagen

Die Seiteneinteilung für den Cityatlas finden Sie auf dem hinteren Umschlag dieses Reiseführers

Mit freundlicher Unterstützung von

kein urlaub ohne holiday autos

www.holidayautos.com

KARTENLEGENDE CITYATLAS

Motorvej / Autobahn		Motorway / Autoroute
Firesporet vej / Vierspurige Straße		Road with four lanes / Route à quatre voies
Gennemfartsvej / Durchgangsstraße		Thoroughfare / Route de transit
Hovedvej / Hauptstraße		Main road / Route principale
Andre mindre veje / Sonstige Straßen		Other roads / Autres routes
Gade med ensrettet kørsel / Einbahnstraße		One-way street / Rue à sens unique
Gågade / Fußgängerzone		Pedestrian zone / Zone piétonne
Hovedjernbanelinie med station / Hauptbahn mit Bahnhof		Main railway with station / Chemin de fer principal avec gare
Hurtigbane / Schnellbahn		Rapid transit railway / Train de banlieue rapid
Anden jernbanelinie / Sonstige Bahn		Other railway / Autre ligne
Underjordisk bane - Buslinie / U-Bahn - Buslinie		Underground - Bus-route / Métro - Ligne d'autobus
Information - Parkeringplads / Information - Parkplatz		Information - Parking place / Information - Parking
Seværdig kirke - Anden kirke / Sehenswerte Kirche - Sonstige Kirche		Church of interest - Other church / Église remarquable - Autre église
Synagoge / Synagoge		Synagogue / Synagogue
Vandrerhjem - Campingplads / Jugendherberge - Campingplatz		Youth hostel - Camping site / Auberge de jeunesse - Terrain de camping
Politistation - Posthus / Polizeistation - Postamt		Police station - Post office / Poste de police - Bureau de poste
Sygehus - Mindesmærke / Krankenhaus - Denkmal		Hospital - Monument / Hôpital - Monument
Bebyggelse, offentlig bygning / Bebaute Fläche, öffentliches Gebäude		Built-up area, public building / Zone bâtie, bâtiment public
Industriområde / Industriegelände		Industrial area / Zone industrielle
Park, skov - Kirkegård / Park, Wald - Friedhof		Park, forest - Cemetery / Parc, bois - Cimetière
Bygrænse / Stadtgrenze		Municipal boundary / Limite municipale
Spadseretur i byen / Stadtspaziergänge		Walking tours / Promenades en ville

105

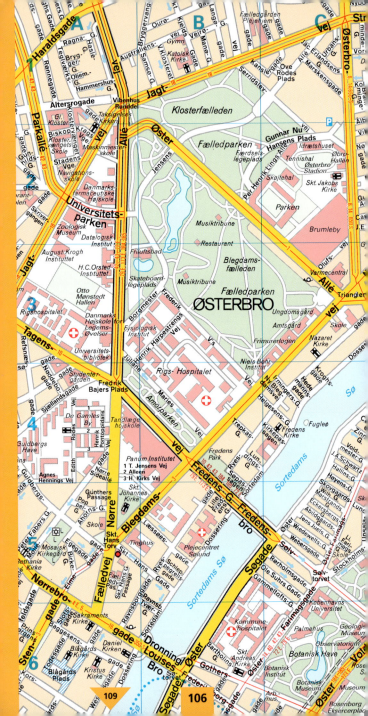

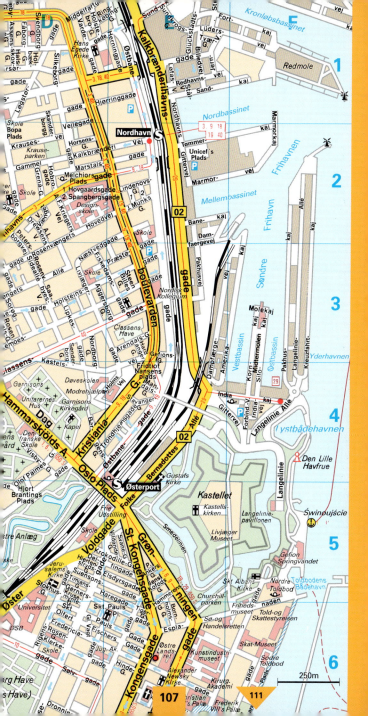

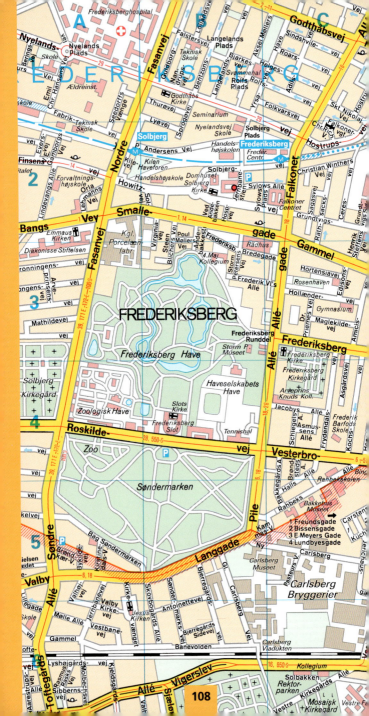

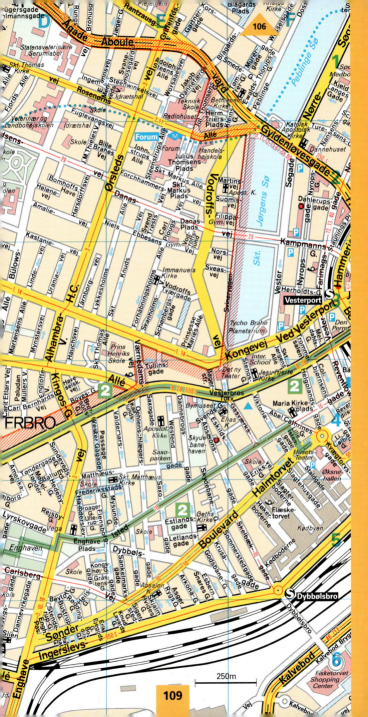

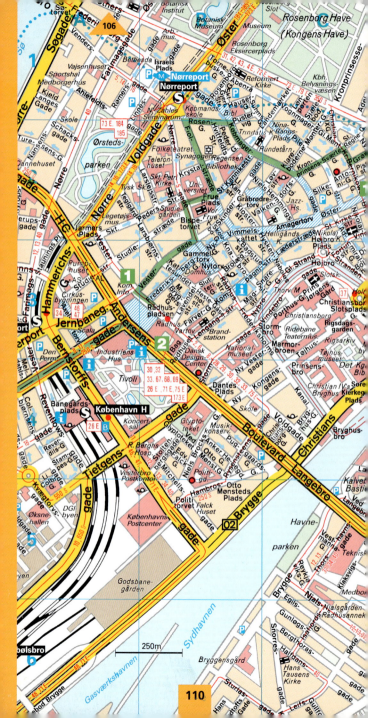